Kohlhammer

Psychotherapie kompakt

Gegründet von

Harald J. Freyberger
Rita Rosner
Ulrich Schweiger
Günter H. Seidler
Rolf-Dieter Stieglitz
Bernhard Strauß

Herausgegeben von

Harald J. Freyberger
Rita Rosner
Günter H. Seidler
Rolf-Dieter Stieglitz
Bernhard Strauß

Eva-Maria Biermann-Ratjen
Jochen Eckert

Gesprächspsychotherapie

Ursprung – Vorgehen – Wirksamkeit

Verlag W. Kohlhammer

Dieses Werk einschließlich aller seiner Teile ist urheberrechtlich geschützt. Jede Verwendung außerhalb der engen Grenzen des Urheberrechts ist ohne Zustimmung des Verlags unzulässig und strafbar. Das gilt insbesondere für Vervielfältigungen, Übersetzungen, Mikroverfilmungen und für die Einspeicherung und Verarbeitung in elektronischen Systemen.

Die Wiedergabe von Warenbezeichnungen, Handelsnamen und sonstigen Kennzeichen in diesem Buch berechtigt nicht zu der Annahme, dass diese von jedermann frei benutzt werden dürfen. Vielmehr kann es sich auch dann um eingetragene Warenzeichen oder sonstige geschützte Kennzeichen handeln, wenn sie nicht eigens als solche gekennzeichnet sind.

1. Auflage 2017

Alle Rechte vorbehalten
© W. Kohlhammer GmbH, Stuttgart
Gesamtherstellung: W. Kohlhammer GmbH, Stuttgart

Print:
ISBN 978-3-17-029080-8

E-Book-Formate:
pdf: ISBN 978-3-17-029081-5
epub: ISBN 978-3-17-029082-2
mobi: ISBN 978-3-17-029083-9

Für den Inhalt abgedruckter oder verlinkter Websites ist ausschließlich der jeweilige Betreiber verantwortlich. Die W. Kohlhammer GmbH hat keinen Einfluss auf die verknüpften Seiten und übernimmt hierfür keinerlei Haftung.

Geleitwort zur Reihe

Die Psychotherapie hat sich in den letzten Jahrzehnten deutlich gewandelt: In den anerkannten Psychotherapieverfahren wurde das Spektrum an Behandlungsansätzen und -methoden extrem erweitert. Diese Methoden sind weitgehend auch empirisch abgesichert und evidenzbasiert. Dazu gibt es erkennbare Tendenzen der Integration von psychotherapeutischen Ansätzen, die sich manchmal ohnehin nicht immer eindeutig einem spezifischen Verfahren zuordnen lassen.

Konsequenz dieser Veränderungen ist, dass es kaum noch möglich ist, die Theorie eines psychotherapeutischen Verfahrens und deren Umsetzung in einem exklusiven Lehrbuch darzustellen. Vielmehr wird es auch den Bedürfnissen von Praktikern und Personen in Aus- und Weiterbildung entsprechen, sich spezifisch und komprimiert Informationen über bestimmte Ansätze und Fragestellungen in der Psychotherapie zu beschaffen. Diesen Bedürfnissen soll die Buchreihe »Psychotherapie kompakt« entgegenkommen.

Die von uns herausgegebene neue Buchreihe verfolgt den Anspruch, einen systematisch angelegten und gleichermaßen klinisch wie empirisch ausgerichteten Überblick über die manchmal kaum noch überschaubare Vielzahl aktueller psychotherapeutischer Techniken und Methoden zu geben. Die Reihe orientiert sich an den wissenschaftlich fundierten Verfahren, also der Psychodynamischen Psychotherapie, der Verhaltenstherapie, der Humanistischen und der Systemischen Therapie, wobei auch Methoden dargestellt werden, die weniger durch ihre empirische, sondern durch ihre klinische Evidenz Verbreitung gefunden haben. Die einzelnen Bände werden, soweit möglich, einer vorgegeben inneren Struktur folgen, die als zentrale Merkmale die Geschichte und Entwicklung des Ansatzes, die Verbindung zu anderen

Methoden, die empirische und klinische Evidenz, die Kernelemente von Diagnostik und Therapie sowie Fallbeispiele umfasst. Darüber hinaus möchten wir uns mit verfahrensübergreifenden Querschnittsthemen befassen, die u. a. Fragestellungen der Diagnostik, der verschiedenen Rahmenbedingungen, Settings, der Psychotherapieforschung und der Supervision enthalten.

Harald J. Freyberger (Stralsund/Greifswald)
Rita Rosner (Eichstätt-Ingolstadt)
Günter H. Seidler (Dossenheim/Heidelberg)
Rolf-Dieter Stieglitz (Basel)
Bernhard Strauß (Jena)

Inhalt

Geleitwort zur Reihe 5

Vorwort 11

1   Herkunft und Entwicklung 15
    1.1   Herkunft 15
    1.2   Die Entwicklung Rogers' als Person,
         Psychotherapeut und Wissenschaftler 17

2   Verwandtschaft mit anderen Verfahren 25

3   Wissenschaftliche und therapietheoretische Grundlagen
    des Verfahrens 34
    3.1   Die systemische Orientierung 36
    3.2   Die therapeutische Beziehung als zentrales
         Therapeutikum 37
    3.3   Die Wirksamkeit der Ressourcenaktivierung belegt
         die Bedeutung der Aktualisierungstendenz 39
    3.4   Neurobiologische Befunde stützen die
         Klientenzentrierten Theorien 40

4   Kernelemente der Diagnostik 43
    4.1   Auswirkungen von Rogers' Wissenschaftshaltung
         auf Ausbildung und therapeutische Praxis 44
    4.2   Diagnostische Verfahren 45
    4.3   Fazit 48

5		**Kernelemente der Therapie**	49
	5.1	Die Theorie der Therapie und der Persönlichkeitsveränderung	49
	5.2	Von der Intervention zur therapeutischen Beziehung im Klientenzentrierten Konzept	69
6		**Klinisches Fallbeispiel**	77
7		**Hauptanwendungsgebiete**	85
	7.1	Hauptanwendungsgebiete aus der Sicht von Indikationsstellern	85
	7.2	Welche Patienten mit welchen Diagnosen werden tatsächlich behandelt?	88
	7.3	Indikations- und Prognosekriterien für Gesprächspsychotherapie	90
8		**Settings**	92
	8.1	Gruppentherapie.................................	92
	8.2	Paartherapie	95
	8.3	Kinder- und Jugendlichentherapie	96
	8.4	Stationäre Behandlung	98
	8.5	Gesprächspsychotherapie bei körperlich Kranken und Sterbenden	102
	8.6	Krisenintervention	106
9		**Wissenschaftliche Evidenz**	109
10		**Empirisch gestützte klinische Evidenz**	120
	10.1	Praxis der klinischen Evaluation gesprächspsychotherapeutischer Behandlungen	123
	10.2	Welche Relevanz haben Efficacy-Studien (»Laborstudien«) für die Praxis?	125
	10.3	Klinisch belegte und empirisch gestützte Wirksamkeit von Gesprächspsychotherapie	126

11	Ausblick auf die Entwicklung der Gesprächspsychotherapie	146
12	Institutionelle Verankerung	152
13	Informationen über Aus-, Fort- und Weiterbildungsmöglichkeiten	156
	13.1 Fachverbände und Ausbildungsstätten in Deutschland, Österreich und in der Schweiz	156
14	Glossar der wichtigsten theoretischen Begriffe	160
Literatur		174
Stichwortverzeichnis		187

Vorwort

Wir versuchen in diesem Buch die »Klientenzentrierte Psychotherapie«, die in Deutschland »Gesprächspsychotherapie« genannt wird und international als der »Personzentrierte Ansatz« bekannt ist, als psychotherapeutisches Verfahren so darzustellen, wie sie von ihrem Begründer Carl R. Rogers und seinen Mitarbeitern als Ergebnis der Reflexion und Supervision psychotherapeutischer Praxis konzipiert worden ist.

Obwohl Rogers als Pionier der Psychotherapieforschung gilt und ihm der erste »Distinguished Scientific Contribution Award« der »American Psychological Association« dafür verliehen wurde, dass er die Psychotherapieforschung zu einem Teil der wissenschaftlichen Psychologie gemacht habe, ist sein Therapiekonzept nicht im Labor entstanden.

Zu Beginn seiner Berufstätigkeit war Rogers Kindertherapeut und bald Leiter einer Behandlungseinrichtung für Kinder und Jugendliche der »Rochester Society for the Prevention of Cruelty to Children«. Seine späteren Praxiserfahrungen hat er vor allem als Direktor eines psychologischen Instituts gesammelt, dem eine Beratungsstelle angeschlossen war.

Nachdem er erlebt, beobachtet und empirisch objektiviert hatte, was in Psychotherapien passiert und welche Veränderungen sich dabei ergeben, galt Rogers Interesse letztlich der Frage, was an der Struktur der Person Psychotherapie und ihre Effekte möglich macht.

Die Gliederung für dieses Buch ist uns vorgegeben worden. Wir folgen dieser Vorgabe, indem wir zunächst Rogers berufliche Entwicklung und ihre Grundlegung in seiner Kindheit darstellen und im Kapitel »Verwandtschaft mit anderen Verfahren« ihre Basis in seiner Zeit und damit im psychoanalytischen Denken und in der Abgrenzung von diesem aufzeigen.

Im Kapitel »Kernelemente der Therapie« werden die notwendigen und hinreichenden Bedingungen für den psychotherapeutischen Prozess – die eben nicht als Interventionen gemeint sind – vorgestellt und damit die Gesprächspsychotherapie als eine therapeutische Beziehung.

Sowohl beim Referat der Bedingungen für den psychotherapeutischen Prozess als auch bei dem der Entwicklung der Person im Prozess der Therapie, wie sie sich von außen betrachtet darstellt, haben wir uns eng und weitgehend wörtlich an Rogers Formulierungen gehalten, die wir übersetzt haben. Seine eigene Zusammenstellung der seines Erachtens wichtigsten Begriffe seines Therapiekonzepts geben wir (ebenfalls übersetzt) als Glossar im Kapitel 14 wieder.

Mit dieser engen Anlehnung an Rogers Formulierungen unterscheiden wir uns ganz bewusst von anderen Darstellungen der Gesprächspsychotherapie, die sich eher um den Nachweis der Kompatibilität ihrer Konzepte mit »moderneren« oder »wissenschaftlicheren« oder im Gesundheitswesen »akzeptierteren« Modellen von Psychotherapie gekümmert und Rogers Theorie dadurch z. T. nicht unerheblich verkürzt und entstellt haben. Dabei sind auch essentielle Bestandteile des Klientenzentrierten Konzepts unter den Tisch gefallen, vor allem immer wieder die Kernthese, dass die therapeutische Beziehung, die von Rogers nicht als Handlungsanweisung, sondern als Bedingung für den therapeutischen Prozess definiert worden ist, die Therapie ist (vgl. Auckenthaler 2008) – und nicht etwa eine Basis für wirkungsvolle Interventionen.

Wer danach sucht, der findet in den Kernkonzepten der neueren Entwicklungen von Therapieansätzen – in den schemazentrierten, emotionsfokussierten, achtsamkeitsbasierten und mentalisierungsorientierten Modellen – Rogers zentrale Positionen wieder, z. B. das Therapieziel »Offenheit für die Erfahrung«, das für ihn dasselbe beinhaltet wie optimale Anpassung, die eine nicht bewertende Hinwendung zur eigenen Erfahrung des eigenen Seins und Funktionierens und deren Reflexion bzw. mentale Repräsentation ermöglicht.

Auch die neuropsychologische Forschung und die Forschung auf der Grundlage der Bindungstheorie bestätigen Rogers Grundannahmen bezüglich dessen, was an der Struktur der Person Psychotherapie möglich macht, indem sie die enorme Bedeutung der Erfahrung empathischer Beziehungen für die psychische Entwicklung unter Beweis stellen.

Die Falldarstellung haben wir einem Beitrag zu einem anderen Buch (Bschor 2008) entlehnt. Die Klientin und der Verlauf ihrer Therapie werden so beschrieben, dass das Vorgehen der Therapeutin sichtbar wird, die Veränderung der Klientin – bzw. ihres Prozesses der Repräsentation ihrer Erfahrung in ihrem Bewusstsein – im Therapieprozess und auch die Hypothesen, die ein Gesprächspsychotherapeut bezüglich der Entstehung z. B. einer Depression entwickelt.

In den nachfolgenden Kapiteln werden die Gesprächstherapie in der Praxis, z. B. in verschiedenen Settings, ihre wissenschaftlichen Prüfungen und deren Ergebnisse vorgestellt.

Wir hoffen, lieber Leser, dass unsere Darstellung des Klientenzentrierten Konzeptes und der Gesprächspsychotherapie Ihr Interesse findet und dass dieses Interesse hilft, die Gesprächspsychotherapie und die Gesprächspsychotherapeuten in Deutschland trotz der derzeit noch fehlenden sozialrechtlichen Anerkennung am Leben zu erhalten.

Hamburg, im Frühjahr 2017
Eva-Maria Biermann-Ratjen und Jochen Eckert

1 Herkunft und Entwicklung

1.1 Herkunft

Die Gesprächspsychotherapie ist in der Mitte des letzten Jahrhunderts von dem amerikanischen Psychologen Carl Rogers (1902–1987) begründet und in ihrer Entwicklung von Anfang an wissenschaftlich begleitet worden.

Rogers gilt als Pionier der wissenschaftlichen Psychotherapieforschung. Er war der erste, der z. B. Tonaufnahmen von Therapiegesprächen machte und ganze Therapien transkribiert und systematisch analysiert hat, vor dem Hintergrund der Überzeugung, »dass die Wissenschaft zwar keine Psychotherapeuten herstellen, aber die Psychotherapie unterstützen kann« (Rogers 1951, S. XI).

Trotz des hohen Stellenwerts, den er der Wissenschaft beimaß, hat Rogers immer wieder betont, dass er seine Einsichten in das Wesen der Psychotherapie vor allem den Beobachtungen der immer einmaligen Erlebens- und Verhaltensweisen von Klienten und Therapeuten in den sehr nahen und intimen therapeutischen Beziehungen verdankt.

Die Gesprächspsychotherapie ist zunächst unter dem Namen »Client-Centered Therapy« (Klientenzentrierte Psychotherapie) bekannt geworden. Er und seine Mitarbeiter, so Rogers, hätten die Personen, die der Therapeut behandelt, weniger als Patienten denn als Klienten erlebt und trotz aller Missverständnisse, die das mit sich bringen könnte, auch so bezeichnet: Als Personen, die aktiv und freiwillig nach Hilfe bei ihren Problemen suchen und dabei keineswegs die Verantwortung für die eigenen Entscheidungen abgeben. Das ist eine andere Vorstellung als z. B. die des leidenden Patienten, der passiv Hilfe erwarten muss. Selbstbestimmung und Eigenverantwortung sind zentrale Anliegen in den persönlichen Bestrebungen und Entwicklungen, die im psychotherapeutischen Prozess zu beobachten sind. Und der Kern der Einstellung des Therapeuten besteht nach Rogers darin, dass er die Verantwortung für und das Wissen um sein Erleben beim Klienten selbst sieht und auch in diesem Sinne klientenzentriert ist.

Rogers theoretische Überlegungen basieren auf dem Versuch, den – konkret zu beobachtenden – Therapieprozess zu erklären bzw. auf dem Wunsch, die Struktur der Persönlichkeit, die Psychotherapie möglich macht, zu verstehen. Seine »Theorie der Persönlichkeit und des Verhaltens« gründet auf den Erfahrungen von Therapeuten und Klienten und versucht zu erklären, warum Psychotherapie funktioniert.

Heute wird nicht mehr von der Klientenzentrierten Psychotherapie gesprochen, sondern von der Personzentrierten Psychotherapie bzw. vom Personzentrierten Ansatz (PZA; engl.: PCA). Das hat damit zu tun, dass in sehr vielen Bereichen außerhalb von Klinik und Psychotherapie, in denen es um die Unterstützung von Menschen bei ihrem persönlichen Zurechtkommen mit dem Leben – Rogers nennt das Anpassung – geht, seine Konzepte verbreitet bzw. in der einen oder anderen Weise adaptiert worden sind. In den letzten Jahren seines Lebens als Therapeut hat Rogers zudem zunehmend mehr mit Gruppen und mit Gesunden gearbeitet als mit Psychotherapiepatienten. In diesem Zusammenhang hat er erstmals selbst die Bezeichnung »klientenzentriert« durch »personzentriert« ersetzt (Kirschenbaum 2002).

Der Begriff Gesprächspsychotherapie geht auf den Hamburger Psychologieprofessor Reinhard Tausch zurück, der von der »Klientenzentrierten Gesprächspsychotherapie« gesprochen hat. Er vor allem und seine Mitarbeiter haben den Personzentrierten Ansatz im deutschsprachigen Raum erforscht und bekannt gemacht.

In Deutschland wird der Name Gesprächspsychotherapie nach wie vor bevorzugt. Dieser Name hat sich aber schon immer als eher problematisch herausgestellt, weil in der Sprache der an Psychotherapie interessierten Klienten und Laien – und nicht nur dort – immer häufiger Gesprächspsychotherapie bzw. die Kurzform »Gesprächstherapie« (»GT«) als Synonym für eine Behandlung durch Gespräche benutzt wird.

International werden die Psychotherapie nach Rogers und ihre Weiterentwicklungen als »Person-Centered & Experiential Psychotherapies« bezeichnet.

1.2 Die Entwicklung Rogers' als Person, Psychotherapeut und Wissenschaftler

Wesentliche Entwicklungen des Klientenzentrierten Konzepts erfolgten an der Universität Chicago, an der Rogers eine Professur für Psychologie innehatte, der eine psychologische Beratungsstelle zugeordnet war. Zusammen mit seinen wissenschaftlichen und psychotherapeutischen Mitarbeitern untersuchte er die Therapien, die in der Beratungsstelle durchgeführt wurden. Diese wurden akribisch protokolliert, u.a. durch Tonaufnahmen, die im Team besprochen und wissenschaftlich ausgewertet wurden.

In einem amerikanischen Handbuch mit dem Titel: »Psychology. A study of a science« hat Rogers 1959 die Theorie der Therapie, der Persönlichkeit und der zwischenmenschlichen Beziehungen, wie sie im Rahmen des Klientenzentrierten Konzepts entwickelt wurde, dargestellt.

Mit der Begründung, dass keine Theorie ohne Kenntnis des kulturellen und persönlichen Bodens, auf dem sie gewachsen ist, verstanden werden könne, beginnt Rogers auch diese – wie mehrere andere – Darstellungen des Klientenzentrierten Konzepts mit einer kurzen Beschreibung seines eigenen kulturellen und persönlichen Hintergrunds.[1]

---

1 Die nun folgenden Ausführungen basieren zu weiten Teilen auch auf einem Aufsatz von Howard Kirschenbaum (2002) »Carl Rogers' Leben und Werk: Eine Einschätzung zum 100. Jahrestag seines Geburtstags«.

1 Herkunft und Entwicklung

Er sei in einer mittelständischen, sehr konservativ protestantischen Familie aufgewachsen, in der neben strikten moralischen Vorstellungen auch hartes Arbeiten einen hohen Wert gehabt hätte. Als er 12 Jahre alt war, habe die Familie eine Farm erworben. Seine Hochachtung für wissenschaftliches Arbeiten als Methode der Problemlösung und Weg zu neuem Wissen sei während seines Lesens von Büchern über die Bedingungen für erfolgreiche Landwirtschaft und bei deren praktischer Umsetzung und wissenschaftlicher Erprobung entstanden.

Diesem Interesse an Forschung entsprechend begann er seine akademische Laufbahn mit dem Studium der Agrarwissenschaften.

Er wechselte aber bald zum Fach Geschichte, das ihm als Vorbereitung für den Pfarrdienst, zu dem er sich berufen fühlte, passender erschien (Kirschenbaum 2002).

Nach einer sechs Monate dauernden China-Reise noch im ersten Studienjahr als einer von zehn ausgewählten Studenten anlässlich einer christlichen Jugendkonferenz entschied er sich für ein Studium an einem liberalen theologischen Seminar. Er hatte sich von den engen religiösen Vorstellungen seines Elternhauses gelöst. In dem nun gewählten Seminar sei es mehr um die praktischen Lösungen wichtiger Probleme gegangen als um Kirchenzugehörigkeit. Nach zwei Jahren machte er hier seinen ersten Studienabschluss.

Während er Theologie studierte, hatte Rogers auch Psychologievorlesungen am benachbarten Lehrerseminar besucht, und nach dem Abschluss entschied er sich zu einer Promotion in klinischer Psychologie an diesem Seminar.

Während der Arbeit an der Promotion verbrachte er ein praktisches Jahr an einer Erziehungsberatungsstelle. Seine Kollegen in dieser Einrichtung seien eher freudianisch orientiert gewesen, das Institut psychiatrisch-psychodiagnostisch. Besonders im Vergleich mit dem Denken am Lehrerkolleg, das streng methodisch statistisch war, erschien ihm das Denken in dieser Einrichtung als sehr spekulativ.

Der Inhalt von Rogers Promotionsarbeit war die Erarbeitung einer Testbatterie zur Messung der Persönlichkeitsentwicklung von Kindern im Alter von neun bis 13 Jahren. Das von ihm entwickelte »Personality Adjustment Inventory« ist 50 Jahre lang und bis zu einer halben Million Mal verkauft worden (Kirschenbaum 2002, S. 6).

1.2 Die Entwicklung Rogers' als Person, Psychotherapeut und Wissenschaftler

Rogers war am Beginn seiner Entwicklung als Psychotherapeut als Kindertherapeut tätig.

In den auf die Promotion folgenden 12 Jahren arbeitete er – bald als ihr Leiter – in einer Einrichtung zur klinischen Behandlung problematischer Kinder, der »Rochester Society for the Prevention of Cruelty to Children«. In dieser Zeit sei er ziemlich abgeschnitten gewesen vom wissenschaftlichen Denken. Die Institutionen, mit denen die Einrichtung zusammenarbeitete, seien an den Resultaten der Behandlung der Kinder interessiert gewesen, nicht aber am Nachdenken über deren Zustandekommen. Das Behandlungsteam arbeitete eklektisch, die Mitarbeiter hatten verschiedene Berufe. Sie hätten viel über ihre tägliche Arbeit und die Erfahrungen mit den Kindern, Heranwachsenden und den zugehörigen Erwachsenen diskutiert und dabei angefangen, nach Gesetzmäßigkeiten oder einer Ordnung in ihrer Erfahrung zu suchen.

In der zweiten Hälfte dieser Zeit an der Kinderklinik gewann das Denken Otto Ranks (s. z. B. Zottl 1982, Lieberman 2014) Einfluss im Team und darüber auch auf Rogers. Ranks »Beziehungstherapie« verlagerte den Focus der Therapie weg von der Bearbeitung der Vergangenheit – freudianischem Denken entsprechend – und hin zu Selbsteinsicht und Selbstakzeptanz des Klienten in der gegenwärtigen therapeutischen Beziehung. Rogers selbst hat Rank nur im Rahmen eines dreitägigen Seminars auch persönlich kennengelernt. Ranks Denken habe ihm aber geholfen, zu verstehen, warum er in dieser Zeit therapeutisch erfolgreicher wurde.

Er begann, in den Erfahrungen, die er als Therapeut machte, Gesetzmäßigkeiten zu erkennen, die im therapeutischen Prozess selbst liegen bzw. sich in seinem Verlauf offenbaren und die nicht, wie es nach Rogers Meinung freudianische Therapeuten taten, diesem Prozess übergestülpt werden mussten.

Er berichtet z. B. von der Mutter eines Jungen, der er ohne therapeutischen Erfolg gedeutet hatte, dass sie das Kind früher abgelehnt hätte, worin Rogers die Quelle der Schwierigkeiten des Sohnes sah. Sie schaffte es, dass ihre Probleme jetzt und nicht ihre Probleme früher und die Veränderung des Sohnes zum Thema der Gespräche mit Rogers wurden. Rogers schreibt:

Das »half mir, die Tatsache zu erleben – erst später habe ich es voll bewusst erkannt – dass es der *Klient* ist, der weiß, was weh tut, in welche Richtung er gehen will, welche Probleme entscheidend sind, welche Erfahrungen tief vergraben sind. Es dämmerte mir, dass – außer ich hätte das Bedürfnis, meine eigene Klugheit und mein Wissen zu demonstrieren – dass ich mehr Erfolg hätte, wenn ich mich auf den Klienten verließe, wenn es um die Richtung geht, in die sich der Prozess bewegen soll« (Rogers 1961b, S. 3f., zit. n. Kirschenbaum 2002, S.7).

In seinem letzten Jahr in Rochester schrieb Rogers (1939) sein erstes Buch »The Clinical Treatment of the Problem Child«. In der Einleitung zu diesem Buch fasst er seine Überlegungen zur Kindertherapie, die sich in den zurückliegenden Jahren durch seine praktischen Erfahrungen und deren Reflexion zusammen mit seinen Kollegen entwickelt hatten, wie folgt zusammen:

»In diesem Buch befassen wir uns mit dem Kind selbst, nicht mit seinen Symptomen. Sie werden vergeblich nach einem Kapitel über Stehlen, Daumenlutschen oder Schuleschwänzen suchen, denn für solche Probleme gibt es keine Behandlung. Es sind Kinder, Buben und Mädchen, mit verschiedenen Lebensgeschichten und Persönlichkeiten. Einige von ihnen stehlen, manche laufen von der Schule weg, andere finden Befriedigung darin, an ihrem Daumen zu lutschen, obszöne Worte zu benutzen oder ihren Eltern die Stirn zu bieten. Aber in jedem Fall müssen wir uns mit dem Kind selbst befassen und nicht mit der Vergangenheit seines Verhaltens« (Rogers 1939, zit. nach Reisel in: Eckert et al. 2006, S. 297).

Und in Abgrenzung von der psychoanalytischen Herangehensweise an die psychotherapeutische Behandlung schreibt er:

»In erster Linie werden Hier-und-Jetzt-Situationen behandelt, und es wird keinerlei Versuch gemacht, vergangene Reaktionen zu interpretieren oder zu erklären. Darüber hinaus geht es nicht nur um gegenwärtige Gefühle und Reaktionen, sondern vielmehr um diejenigen Gefühle, die sich auf den Therapeuten beziehen, die also das Kernstück des Prozesses sind [...]. In keiner anderen Art von Behandlungsversuch nimmt die emotionale Situation zwischen Therapeut und Klient einen derart wichtigen Stellenwert ein. Aus diesem Grund nennen wir sie ›Relationship Therapy‹... Wir vertrauen darauf, dass die Veränderungen, die im Kind stattgefunden haben und sich in einer neuen Akzeptanz seiner selbst und seiner Realität ausdrücken, auch außerhalb der therapeutischen Beziehung wirksam bleiben« (Rogers 1939, p. 343; zit. nach Reisel in: Eckert et al. 2006, S. 298).

1.2 Die Entwicklung Rogers' als Person, Psychotherapeut und Wissenschaftler

Die Veröffentlichung dieses Buches über die Behandlung von Kindern, in dem Rogers bereits die Grundzüge seines Verständnisses von Psychotherapie dargelegt hatte, führte zu seinem Ruf an die Ohio State University.

Als Hochschullehrer wurde Rogers klar, dass seinen Studenten – auch wenn sie gut ausgebildet waren und kritisch dachten – die Ordnung, die er in den Therapieprozessen implizit erfahren hatte, keineswegs ebenso klar war wie ihm, und dass er vielleicht einen neuen therapeutischen Weg entdeckt hatte (vgl. Kap. 2 in Rogers 1942) und in seinem therapeutischen Umgang mit seinen Klienten nicht nur getan hatte, was »alle Kliniker« tun.

Die Studenten an der Universität kamen aus den Bereichen Erziehungswissenschaften, Theologie, »Human development«, Soziologie, »Industrial relations« und Psychologie.

Sie drängten Rogers, seine Annahmen darüber, warum seine Art und Weise der psychotherapeutischen Behandlung effektiv war, zu Papier zu bringen. So schrieb er 1942 »Counceling and Psychotherapy«.

Dieses Buch habe – so Kirschenbaum (2002), der dazu viele Autoren zitiert – das Gebiet professioneller Beratung im eigentlichen Sinn begründet.

Rogers beschreibt in diesem Buch den verantwortlichen Klienten in Abgrenzung vom abhängigen Patienten und die nicht-direktive Haltung:

Der Therapeut ist davon überzeugt, dass der Klient in sich die Fähigkeit trägt, sich in Richtung Selbstaktualisierung – und die bedeutet: Reife und Anpassung durch Offenheit für die Erfahrung – zu reorganisieren unter der Bedingung, dass in der therapeutischen Beziehung eine angstfreie Atmosphäre entsteht. Der Therapeut kann zu dieser angstfreien Atmosphäre beitragen: Durch sorgfältiges Zuhören, Akzeptieren des Klienten als die Person, die er ist, und Reflektieren der Gefühle des Klienten bzw. dadurch, dass er sich diesem als ein Spiegel zur Verfügung stellt, in dem er sich und sein Erleben genauer sehen und sich dadurch neu ausrichten kann.

Diese Haltung dem Klienten gegenüber sei bei allen Anpassungsproblemen und allen Störungen, in der Beratung ebenso wie in der Psychotherapie, angemessen.

1 Herkunft und Entwicklung

Rogers war nicht nur der erste Psychotherapeut, der Aufzeichnungen von Therapiegesprächen machen ließ, sondern auch der erste, der diese Aufzeichnungen und ihre Transskripte beim klinischen Training von Psychotherapeuten einsetzte. Und er hat sich immer bemüht, das, was in der Psychotherapie geschieht, und die Veränderungen durch Psychotherapie operational zu formulieren, d. h. so, dass wissenschaftlich untersucht werden konnte, ob es zwischen Prozess und Effekt und deren einzelnen Komponenten, die auch Variablen genannt wurden, Zusammenhänge gab.

So ließ Rogers zum Beispiel Beraterantworten als mehr oder weniger direktiv klassifizieren, die Häufigkeit solcher Antworten zählen und die jeweils folgenden Äußerungen der Klienten als mehr oder weniger einsichtsvoll einschätzen und konnte so u. a. zeigen, dass direktive Berater sechsmal so viele Wörter verwendeten wie nicht-direktive.

In seinem letzten Jahr an der Ohio State University widmete er sich der Ausbildung von Beratern für Soldaten, die aus dem 2. Weltkrieg zurückgekehrt waren und Probleme hatten, sich im Leben danach zurechtzufinden (Rogers und Wallen 1946).

Weil er den Prozess und die Effekte von Beratung und Psychotherapie intensiver erforschen wollte, verließ Rogers schon nach vier Jahren die Ohio State University und ging an die Universität von Chicago, um im Fachbereich Psychologie zu lehren und ein Beratungszentrum unter seiner Leitung aufzubauen.

In der Zeit in Chicago (1945–1957) präzisierte Rogers in der Zusammenarbeit mit seinen Studenten und Mitarbeitern seine Überlegungen zum therapeutischen Prozess und dessen Bedingungen. Er betonte mehr und mehr die therapeutische Beziehung, in der der Therapeut eine bestimmte Haltung einnimmt, ohne die die Therapietechniken – z. B. die Verbalisierung der emotionalen Erlebnisinhalte des Klienten als Ausdruck des empathischen Verstehens des Therapeuten – wirkungslos bleiben.

Zur Kennzeichnung dieser nicht urteilenden Haltung übernahm Rogers den Begriff seines Studenten Standal (1954), der das Akzeptieren und Wertschätzen der Person des Klienten, was auch immer der erlebte, »*unconditional positive regard*« (»Bedingungsfreies Positives Beachten«) nannte, und betonte nachdrücklich, dass der Therapeut diese

Haltung wirklich verkörpern müsse. Sie müsse echt sein, real und authentisch, d. h. mit dem übereinstimmen, wie sich der Therapeut tatsächlich fühlt und äußert.

1951 veröffentlichte Rogers das Buch »Client-Centered Therapy«. 1956 verlieh die American Psychological Association ihren ersten »Distinguished Scientific Contribution Award« an Carl Rogers:

> »[...] für die Entwicklung einer neuen Methode, um die Beschreibung und die Analyse des psychotherapeutischen Prozesses zu objektivieren, für die Formulierung einer überprüfbaren Theorie der Psychotherapie und deren Effekte auf die Persönlichkeit und deren Verhalten und für die extensive systematische Forschung, um den Wert dieser Methode zu zeigen und die Implikationen der Theorie zu erforschen und zu prüfen. Seine Vorstellungsgabe, seine Beharrlichkeit und seine flexible Anpassung wissenschaftlicher Methoden [...] haben dieses Gebiet psychologischen Interesses innerhalb der Grenzen wissenschaftlicher Psychologie gerückt« (American Psychological Association 1957, S. 128, zit. n. Kirschenbaum 2002, S. 10).

Nach 12 Jahren in Chicago ging Rogers an die Universität von Wisconsin. Er hatte dort einen Lehrstuhl in der Abteilung für Psychologie und einen in der für Psychiatrie. Er forschte weiter und konnte für die Behandlung schizophrener Patienten zeigen:

> »Die klientenzentrierten Therapeuten erzielten keine besseren Resultate als die Therapeuten anderer Richtungen. Aber: unabhängig von der Schule des Therapeuten: Die Therapeuten, die in einem höheren Maß Bedingungsfreie Positive Beachtung, Empathie und Kongruenz zeigten, erreichten bessere Resultate bei den Patienten [...]« (Kirschenbaum 2002, S. 11).

1961 schrieb Rogers sein berühmtestes Buch: »On Becoming a Person«, eine Sammlung von überarbeiteten Aufsätzen. Nach Kirschenbaums (2002) Auffassung machte Rogers damit den personzentrierten Ansatz zu einem wichtigen Teil der »Dritten Kraft« (so Abraham Maslow) der Psychologie, die unter dem Begriff »Humanistische Psychologie« bekannt geworden war.

Die Humanistische Psychologie (z. B. Galliker 2015) unterscheidet sich von Psychoanalyse und Behaviorismus vor allem in der Betonung von:

1. Dem phänomenalen Feld: der Sicht des Individuums auf die Welt, auf seine Erfahrung der Welt und sich selbst, dem Inneren Bezugsrahmen
2. Der einem Individuum innewohnenden Kraft zur Selbstentwicklung und selbstbestimmten Anpassung, der Aktualisierungstendenz
3. Der Unterscheidung des Menschen von anderen Spezies durch die Orientierung an Werten.

1963 schloss sich Rogers dem Western Behavioral Sciences Institute in La Jolla in Kalifornien an, wo er 10 Jahre später zusammen mit anderen das »Center for Studies of the Person« gründete. Er blieb 15 Jahre lang an diesem Institut.

In Kalifornien stand die Anwendung seiner Therapietheorie in der Erziehung, Elternschaft, Gruppenleitung, im Gesundheitsmanagement usw. im Vordergrund seiner Tätigkeiten. Er demonstrierte in verschiedenen Gebieten, dass die unbedingte positive empathische Beachtung der Erfahrung des Individuums in seinem Bezugsrahmen dessen Wachstum, Kreativität, Lernen, Gesunden usw. unterstützt. Seine Bücher fanden eine große Leserschaft aus allen möglichen Bereichen der Sozialwissenschaften. In diesem Zusammenhang wurde zunehmend der Begriff der »Klientenzentrierten Psychotherapie« durch den des »Personzentrierten Ansatzes« ersetzt.

2 Verwandtschaft mit anderen Verfahren

Er verbringe nun schon fast 30 Jahre lang durchschnittlich 15–20 Stunden in der Woche mit dem Versuch, Klienten zu verstehen und ihnen zu helfen, schreibt Rogers 1959 in einem Handbuchartikel mit dem Titel: »Eine Theorie der Persönlichkeit und der zwischenmenschlichen Beziehungen entwickelt im Rahmen des Klientenzentrierten Konzepts« (S. 188). Diese Versuche zu verstehen und zu helfen seien die Basis seines psychologischen Denkens. Er suche nach Antworten auf die Fragen, was Psychotherapie ausmache bzw. was an der Struktur der Person und was an den zwischenmenschlichen Beziehungen dazu führe, dass der Kontakt zwischen Therapeut und Klient zu einem therapeutischen wird.

Auf der Suche nach Antworten auf diese Fragen haben auch die therapeutischen Erfahrungen seiner Studenten und Mitarbeiter und die akribische Analyse der protokollierten Therapiegespräche eine große Rolle gespielt. Die dabei entstandenen theoretischen Überlegungen und deren wissenschaftliche Überprüfung haben zur Entwicklung eines neuen psychotherapeutischen Paradigmas geführt, dem humanistischen Paradigma.

Im Rahmen des Klientenzentrierten Konzepts sind vor allem die Unterschiede zu älteren Verfahren und Paradigmen, insbesondere dem psychoanalytischen, betont worden. Aber es war Rogers immer bewusst und er hat das auch betont, dass alle Denkmodelle ihre Wurzeln auch in dem haben, was andere Menschen zuvor gedacht haben und zur gleichen Zeit denken.

Er schreibt z. B. selbst: Die Entwicklung der Gesprächspsychotherapie »wäre nicht möglich gewesen, ohne das Verständnis für die unbewussten Strebungen des Menschen und seine komplizierte emotionelle

Struktur, das Freuds Beitrag zu unserer Kultur gewesen ist« (Rogers, 1951, dtsch 1972, S. 21 f.).

Es soll im Folgenden darum gehen, dass Rogers und in seiner Nachfolge Klientenzentrierte Psychotherapeuten ebenfalls

- von »Unbewusstem« ausgehen und
- davon, dass es ein vorrangiges Therapieziel ist, nicht oder nur teilweise bewusste Erfahrung bewusste Erfahrung werden zu lassen.

Rogers beginnt 1959 die Darstellung seiner »Theorie der Persönlichkeit und der zwischenmenschlichen Beziehungen – entwickelt im Rahmen des Klientenzentrierten Konzepts« mit einer Vorstellung der Begriffe, die im Verlauf der Entwicklung des Klientenzentrierten Konzepts aufgetaucht und zunehmend schärfer und spezifischer definiert worden seien. Einige der wichtigsten dieser Begriffe[2] sollen im Folgenden in enger Anlehnung an diese Definitionen vorgestellt werden und es wird auf ihre Verwandtschaft mit psychoanalytischen Vorstellungen – wenn es sie gibt – hingewiesen.

In der Gesprächspsychotherapie liegt der Fokus auf der Erfahrung des Klienten aus seiner Sicht.

Unter *Erfahrung* verstehen Gesprächspsychotherapeuten alles, was sich in einem bestimmten Moment im Organismus abspielt und bewusst werden könnte. Erfahrung schließt sowohl Ereignisse ein, deren das Individuum nicht gewahr ist, als auch Ereignisse, deren es sich bewusst ist. Auch Erinnerungen und frühere Erfahrungen gehören zur Erfahrung im Moment. Sie können die Bedeutung von bestimmten Reizen beeinflussen, schmälern z. B. oder vergrößern. Zur Erfahrung gehören z. B. nicht die Aktivitäten von Nervenzellen oder Blutzuckerveränderungen, die nicht bewusst werden können. Insofern ist diese Definition von Erfahrung eine psychologische, nicht eine physiologische.

---

2 Im Kap. 14 befindet sich die vollständige Liste der Begriffe, die nach Rogers' Meinung wesentlich für das Klientenzentrierte Konzept sind.

Synonyme für Erfahrung sind das »Erfahrungsfeld« (Experiential field) und das »phänomenale Feld«, »sensorische und viszerale Erfahrungen« und »organismische Erfahrungen«.

Erfahrung ereignet sich in einem bestimmten Moment und bezeichnet nicht eine Ansammlung von vergangenen Erfahrungen.

Erfahren, erleben als Tätigkeitswort bedeutet einfach, dass sensorische oder physiologische Ereignisse in diesem Moment im Organismus gespürt werden. Spüren in diesem Sinne umfasst Gewahrwerden oder im Bewusstsein symbolisieren in unterschiedlichen Graden von Genauigkeit oder Vollständigkeit.

Fühlen beinhaltet eine emotional gefärbte Erfahrung einschließlich ihrer persönlichen Bedeutung. Sie umfasst die Emotion und zugleich den kognitiven Inhalt der Bedeutung der Emotion. Emotion und Kognition werden im Moment der Erfahrung als untrennbar erlebt.

Ein *Gefühl* kann in einem Moment vollständig erfahren werden. Die Erfahrung (des Gefühls), deren Gewahrsein und der Ausdruck des Gefühls stimmen dann miteinander überein. (The individual is then congruent in his experience (of the feeling), his awareness (of it), and his expression (of it) (Rogers 1959)).

Gewahrsein, Symbolisierung und Bewusstsein sind Synonyme. Gewahrsein ist die (nicht unbedingt verbale) symbolische Repräsentation eines Teils unserer Erfahrung (im Bewusstsein). Diese Repräsentation kann mehr oder weniger scharf oder lebendig sein. Die Skala reicht von einer schwachen Ahnung von etwas, das als Hintergrund existiert, bis zu einem scharfen Bewusstsein von etwas im Vordergrund als Figur.

Dem *Gewahrwerden* zugänglich ist eine Erfahrung dann, wenn sie symbolisiert, bewusst werden kann, ohne Abwehr, Verleugnung und Verzerrung.

Alle diese Begriffsbildungen verdeutlichen, wie zentral – und zugleich fast als selbstverständlich vorausgesetzt – im Denken des Klientenzentrierten Konzepts das Phänomen ist, dass wir uns unserer Erfahrung mehr oder weniger bewusst sein können.

Sie verdeutlichen aber auch, dass das Klientenzentrierte Konzept, anders als das psychoanalytische damals, kein biologistisches ist. Es geht in ihm um die geistigen, heute spricht man von mentalen, Repräsentationen des Lebens und Erlebens im Bewusstsein.

Die Symbolisierungen, in denen uns unsere Erfahrung bewusst wird, entsprechen nicht unbedingt der »wirklichen« Erfahrung oder der »Realität«. Alle Wahrnehmungen sind Konstrukte, basierend auf früheren Erfahrungen und Hypothesen oder Prognosen bezüglich zukünftiger Erfahrungen, die zum Teil überprüfbar sind.

Rogers definiert *Wahrnehmung und Wahrnehmen* psychologisch als die Entstehung von Hypothesen oder Prognosen bezüglich dessen, was im Gewahrwerden passieren wird. Sie entstehen, wenn ein Reiz auf den Organismus einwirkt. Insofern kann man sagen, dass Wahrnehmen und Gewahrwerden synonym sind. Von Wahrnehmung wird in einem engeren Sinn eher dann gesprochen, wenn die Bedeutung des Reizes betont werden soll. Von Gewahrwerden in einem umfassenderen Sinn wird eher dann gesprochen, wenn Symbolisierungen und Bedeutungszuschreibungen, die auf vollkommen inneren Reizen wie Erinnerungsspuren, Körperempfindungen und ähnlichem beruhen, ebenso gemeint sind wie solche in der Reaktion auf Reize von außen.

Dieses sehr eng an Rogers Formulierungen angelehnte Referat soll auch verdeutlichen, dass im Zentrum der Aufmerksamkeit des Gesprächspsychotherapeuten, wie der des Therapeuten psychoanalytischer Herkunft, das innere Erleben der Person steht. Die Abbilder dessen, was der Klient erlebt, die Landkarten, die in ihm auf seinem Lebensweg entstehen, und weniger die Landschaft, die er durchwandert, sind von Interesse. Gesprächspsychotherapeuten gehen davon aus, dass keineswegs alles, was sich im Inneren einer Person abspielt und bewusst werden könnte, auch bewusst wird, und dass auch das unbewusst bleibende von großer Bedeutung für das bewusste Erleben sein kann.

Auch die Vorstellungen der Gesprächspsychotherapeuten von der Bedeutung, die das Bewusstwerden von Erfahrung für die psychische

Gesundheit hat, wie es dazu kommt, dass Erfahrungen unbewusst bleiben und wie groß der Einfluss nicht bewusster Erfahrung auf das aktuelle Erleben ist, sind denen der Psychoanalytiker in vieler Hinsicht ähnlich. Darum soll es im Folgenden gehen.

In der Personzentrierten Theorie der Psychotherapie und der Entwicklung der Person wird nur ein Axiom – das ist eine nicht beweisbare Grundannahme – vorausgesetzt: Dem Menschen als lebendem Organismus wohnt die Tendenz inne, sich zu entfalten und zu erhalten. Diese basale sogenannte *Aktualisierungstendenz* ist das einzige Motiv, das vorausgesetzt wird und die einzige Energiequelle, die angenommen wird. Sie impliziert, so Rogers, z. B. auch Bedürfnisse und Bestrebungen nach Bedürfnisbefriedigung und Entspannung, Befreiung von Triebdruck, aber auch das Streben nach Wachstum, Vergnügen, Kreativität und Lernen.

Bedürfnisse, Triebe, Bestrebungen etc. werden also von Gesprächspsychotherapeuten als ein Teil oder eine Ausdrucksform der allgemeinen Bestrebung, sich zu entfalten und zu erhalten, angesehen.

In diesem Punkt grenzt sich Rogers schon früh in der Entwicklung seiner Konzepte vom psychoanalytischen Denken ab, das nach seiner Meinung dazu führe, dass dem Klienten Erleben gedeutet werde und ihm damit leicht ein fremdes Selbstverständnis übergestülpt werde. Diese Abgrenzung ist aber z. B. nicht gleichbedeutend mit der Behauptung, es gäbe keine Triebe.

Für den Psychotherapeuten ist aber die eigene Sicht des Klienten auf sein Erleben, auch auf das triebhafte, relevanter als das Erleben selbst und seine Benennung. Es geht ihm darum, ob der Klient es als seines erlebt, zu ihm gehörend oder nicht zu ihm gehörend, ich-vertraut oder ich-fremd, ob er sich in ihm verstehen und akzeptieren kann oder nicht, es als in Ordnung empfindet oder z. B. als krankhaft, von ihm selbst nicht kontrollierbar etc.

Zur Aktualisierungtendenz gehört in der Theorie der Gesprächspsychotherapie die Tendenz zur *Selbstaktualisierung*, zur Bildung eines Selbstkonzepts und – sobald sich ein Selbst entwickelt hat – zur Entfaltung und Erhaltung des Selbstkonzepts.

2 Verwandtschaft mit anderen Verfahren

Die Begriffe *Selbstkonzept, Selbst und Selbststruktur* bezeichnen die organisierte, in sich geschlossene Gestalt, die sich aus der Wahrnehmung der Charakteristiken des »ich« oder »mich« und der Wahrnehmung der Beziehungen des »ich« oder »mich« zu anderen Menschen und verschiedenen Aspekten des Lebens, zusammen mit den Bewertungen dieser Wahrnehmungen ergibt. Diese Gestalt des Selbst kann man sich ins Bewusstsein holen, sie kann bewusst werden, ist es aber nicht unbedingt. Sie ist eine fließende, sich verändernde Gestalt, ein Prozess, aber in jedem Moment eine spezifische Einheit, auf die man seine Aufmerksamkeit richten kann und die zumindest teilweise beschrieben werden kann. Die Begriffe Selbst und Selbstkonzept werden eher benutzt, wenn eine Person ihre Sicht von sich selbst beschreibt, der Begriff Selbststruktur dann, wenn diese Gestalt von außen betrachtet wird.

Die *Selbsterfahrungen* sind sozusagen das Rohmaterial, aus dem das organisierte Selbstkonzept entsteht. Sie ereignen sich dann in meinem Erfahrungsfeld, wenn ich zusammen mit einem Ereignis mich »selbst«, »mich«, »Ich« oder ähnliches wahrnehme.

Wenn Erfahrung nicht mit dem Selbstkonzept zu vereinbaren ist, kann sich die allgemeine Aktualisierungstendenz spalten. Die Tendenz zur Entfaltung und Erhaltung des Organismus und die Tendenz zur Erhaltung des Selbstkonzepts können in Gegensatz zueinander geraten.

Wenn das Selbstkonzept durch die aktuelle Erfahrung in Frage gestellt oder bedroht ist, kann Abwehr in Kraft treten. *Abwehrverhalten* hat das Ziel, die gegenwärtige Struktur des Selbst aufrechtzuerhalten. Dieses Ziel wird verfolgt durch die *Verzerrung* der Erfahrung im Gewahrsein in einer Art und Weise, dass die Inkongruenz zwischen der Erfahrung und der Struktur des Selbst verringert wird, oder durch die *Verleugnung* einer Erfahrung im Bewusstsein, womit auch die Bedrohung des Selbst verleugnet wird.

Verzerrung im Bewusstsein heißt, die Bedeutung einer Erfahrung für das Selbstkonzept zu verändern.

Verzerrung von Erfahrung ist häufiger zu beobachten als Verleugnung.

Von *psychologischer Fehlanpassung* wird im Klientenzentrierten Konzept dann gesprochen, wenn der Organismus im Bewusstsein wichtige Erfahrung verleugnet oder verzerrt, die also nicht genau in die Gestalt der Selbststruktur integriert wird, sodass Inkongruenz zwischen dem Selbst und der Erfahrung entsteht.

Offenheit für die Erfahrung ist der Gegenpol zum Sich-in-einer-Abwehrhaltung-befinden. Wenn die Person in keiner Weise bedroht ist (durch Erfahrung), dann ist sie offen für die Erfahrung.

Wenn das Selbstkonzept so ist, dass alle Erfahrungen symbolisiert in die Gestalt der Selbststruktur integriert werden oder werden könnten, dann besteht optimale *psychologische Anpassung*. Sie ist also ein Synonym für vollständige Kongruenz von Selbst und Erfahrung oder völlige Offenheit für die Erfahrung.

Praktisch gesehen ist eine Verbesserung der psychologischen Anpassung gleichbedeutend mit mehr Offenheit für die Erfahrung.

Das für Gesprächspsychotherapeuten zentrale Konzept der *Inkongruenz* wird deutlicher, wenn wir uns klarmachen, dass einige der Begriffe, die wir hier definieren, Inkongruenz einfach aus verschiedenen Blickwinkeln beleuchten.

Von außen betrachtet ist eine Person im Zustand der Inkongruenz zwischen Selbst und Erfahrung

- verletzlich/vulnerabel (wenn sie sich der Diskrepanz nicht bewusst ist)
- oder bedroht (wenn ihr die Diskrepanz im Ansatz bewusst ist, sie diese ahnt).

Unter sozialen Gesichtspunkten betrachtet bedeutet Inkongruenz Fehlanpassung.

Wenn die Person auf sich selbst blickt,

- dann kann sie sich sogar als angepasst wahrnehmen (wenn ihr die Diskrepanz nicht bewusst ist),

- sie kann sich als ängstlich erleben (wenn sie die Diskrepanz unterschwellig wahrnimmt)
- oder bedroht
- oder desorganisiert (wenn sich die Diskrepanz ihrer bewussten Wahrnehmung aufzwingt, indem sie Erfahrungen macht, in denen sie sich nicht wiedererkennt.)

Der Begriff *Abwehr* ist ein zentraler psychoanalytischer Begriff, den Rogers übernommen hat.

Auch die Vorstellungen über das Zustandekommen von Abwehr und in ihrer Folge psychologischer Fehlanpassung im Klientenzentrierten Konzept unterscheiden sich nicht sehr von denen der Psychoanalytiker. Im psychoanalytischen Denken ist an der Abwehr wesentlich das Überich beteiligt, bei dessen Zustandekommen die Liebe oder der Liebesentzug der geliebten Objekte von Bedeutung ist.

Gesprächspsychotherapeuten nehmen an, dass dadurch, dass das Kind in der Regel nicht unbedingt positiv empathisch beachtet wird, sondern vielmehr bei dem einen Verhalten Anerkennung in seinem Erleben erfährt und bei einem anderen Zurückweisung, in ihm sogenannte Bewertungsbedingungen entstehen. Sie führen dazu, dass es sich in seinen eigenen Selbsterfahrungen so bewertet, wie es von den wichtigen Bezugspersonen bewertet worden ist und nach Erfahrungen strebt, in denen es positiv bewertet worden ist. Es entstehe so ein gelerntes[3] Bedürfnis nach Anerkennung. Und die eigenen organismischen Erfahrungen und ihre Bewertungen würden in den Hintergrund gedrängt, um der Anerkennung und positiven Beurteilung willen, die das Kind bald nicht mehr von anderen erwarte, sondern sich selbst erteile – oder eben nicht. Subjektiv werden die verinnerlichten Bewertungen als eigene erlebt in der Form von »ich sollte« oder »ich müsste« oder »ich darf auf keinen Fall«. Aber auch in der Form von »ich wäre gern«.

Der Vergleich von Selbstbild und Idealbild, also von »so bin ich« und »so wäre ich gern« hat in der Gesprächspsychotherapie eine lange

---

3 Später, u. a. unter dem Eindruck der Experimente von H. Harlow mit Rhesusaffen, ging Rogers von einem angeborenen Bedürfnis aus.

Tradition und wird auch heute noch gern bei diagnostischen und störungsspezifischen Überlegungen herangezogen (z. B. Finke 2004).

Die theoretischen Vorstellungen im Rahmen des Klientenzentrierten Konzepts haben sich also zwar wesentlich und immer weiter von psychoanalytischen Konzepten entfernt, sodass sie schließlich einem anderen Paradigma zuzuordnen sind, weisen aber auch heute noch wesentliche Gemeinsamkeiten mit psychoanalytischen Modellvorstellungen auf, die das Denken verschiedener Gesprächspsychotherapeuten heute mehr oder weniger stark prägen.

3 Wissenschaftliche und therapietheoretische Grundlagen des Verfahrens

Die wichtigsten vier theoretischen Grundpfeiler der Gesprächspsychotherapie: die Persönlichkeitstheorie, die Entwicklungstheorie, die Störungstheorie und die Therapietheorie (▶ Kap. 5), basieren auf verschiedenen theoretischen Grundlagen aus unterschiedlichen Fachgebieten, wie Psychologie, Philosophie und Medizin (Neurologie).

Die Einflüsse sind unterschiedlich stark, nicht immer klar benannt und auch nicht immer eindeutig zu identifizieren.

Das liegt vor allem daran, dass die Gesprächspsychotherapie das Ergebnis aus Erfahrungen in der psychotherapeutischen Praxis und empirisch-psychologischer Forschung ist, d. h., die Theoriebildung in der Gesprächspsychotherapie erfolgte in erster Linie induktiv und nicht deduktiv. Das zeigt sich auch sehr plastisch in der Abfolge der von Rogers' vorgelegten Publikationen. Seine grundlegenden Werke über die »Client-Centered Therapy« waren alle schon erschienen, als er der Aufforderung der *American Psychological Association (APA)* nachkam, die dem Klientenzentrierten Konzept zugrundeliegenden theoretischen Annahmen zusammenfassend darzustellen. Und so verfasste er 1959 »A Theory of Therapy, Personality and Interpersonal Relationships, as developed in the Client-Centered Framework« (Rogers 1959; dtsch. 2009).

In einem Vorwort zur deutschen Übersetzung dieser Ausführungen weist Kriz (2009, S. 7 ff.) darauf hin, dass der aus dem 19. Jahrhundert stammende Objektivitätsmythos der Wissenschaften inzwischen auch in den Naturwissenschaften nicht mehr gilt. Als einen Beleg dafür zitiert er den Physiker Werner Heisenberg, der ausführt, dass die Grundlage der exakten Naturwissenschaften nicht mehr ein wie auch

3 Wissenschaftliche und therapietheoretische Grundlagen des Verfahrens

immer geartetes objektives Naturbild sei, sondern dass es sich um ein Bild unserer Beziehung zur Natur handle.

Diese Auffassung teilte auch Rogers. Er meinte ferner: »Keine Theorie kann ohne Kenntnis ihrer kulturellen und persönlichen Grundlagen richtig verstanden werden« (Rogers 2009, S. 14). Seine persönliche Grundlage haben wir in Kap. 1.2 dargestellt.

Die kulturelle Grundlage der Gesprächspsychotherapie beschreibt er wie folgt:

> «Sie (die Gesprächspsychotherapie) ist ein Produkt ihrer Zeit und ihres kulturellen Hintergrundes. Ihre Entwicklung wäre nicht möglich gewesen ohne das Verständnis für die unbewußten Strebungen des Menschen und seine komplizierte emotionelle Struktur, das Freuds Beitrag zu unserer Kultur gewesen ist. Zwar hat sich die nicht-direktive oder klientenzentrierte Therapie in anderen Bahnen entwickelt als die psychotherapeutischen Auffassungen von Horney und Sullivan oder Alexander und French, aber trotzdem bestehen viele Verbindungen zu diesen modernen Formulierungen psychoanalytischen Denkens« (Rogers 1951, dtsch. 1972b, S. 21 f.).

Die wissenschaftlichen Grundlagen der Gesprächspsychotherapie bilden in erster Linie Psychologie und Philosophie. Im Gegensatz zur Psychoanalyse sah Rogers in biologischen Prozessen, wie im Sexualtrieb (Libido), keine entscheidende Funktion für die psychische Entwicklung der Person, vor allem für die Entwicklung eines Selbst bzw. Selbstkonzeptes.

Um sowohl die wissenschaftliche Relevanz als auch die Gültigkeit der Grundannahmen, auf die sich Rogers stützte, für die heutige theoretische Fundierung der Gesprächspsychotherapie abschätzen zu können, validiert man sie durch Vergleiche mit neueren Theorien und Konzepten.

Im Folgenden sollen die Belege für folgende Grundannahmen referiert werden:

1. Aktualisierungstendenz und systemische Orientierung (▶ Kap. 3.1)
2. Die zentrale Bedeutung der therapeutischen Beziehung (▶ Kap. 3.2)

3 Wissenschaftliche und therapietheoretische Grundlagen des Verfahrens

3.1 Die systemische Orientierung

Ein wesentliches Konstrukt die psychische Entwicklung des Menschen betreffend übernahm Rogers aus der Gestalttheorie: die *Aktualisierungstendenz bzw. Selbstaktualisierungstendenz.* Er übernahm dieses Konstrukt von dem Neurologen Kurt Goldstein, der u. a. bei der ärztlichen Versorgung von hirnverletzten Soldaten festgestellt hatte, dass die Gültigkeit der Gestaltgesetze sich nicht nur auf rein psychische Phänomene beschränkt. Rogers definiert die Aktualisierungstendenz als angeborenen Entwicklungsmotor des Organismus:

> »Aktualisierungstendenz ist die dem Organismus eigene Tendenz, all seine Kapazitäten so zu entwickeln, dass sie dazu dienen, den Organismus zu erhalten oder zu erweitern (enhance)«
> (Rogers 1959; Übers. Höger 2012, S. 38).

Entwicklungspsychologisch bedeutsamer ist die *Selbstaktualisierungstendenz.* Sie ist Teil der Aktualisierungstendenz und verantwortlich für die Entwicklung eines Selbst bzw. Selbstkonzepts.

Sowohl Höger (1993) als auch Kriz (1994, 2004) legen dar, dass die von Rogers vertretene Auffassung, dass der Organismus dem Prinzip der Selbstorganisation folgt, von den Erkenntnissen der modernen Naturwissenschaften bestätigt wird. Der Chemiker und Nobelpreisträger (1977) Ilya Prigogine wies nach, dass sog. offene Systeme, wozu lebende Organismen zählen, nicht dem Kausalitäts-Prinzip, sondern den Prinzipien der Selbstorganisation, Selbstdifferenzierung und Selbsterhaltung folgen. Die Biologen und Nobelpreisträger Maturana und Varela (1987) kamen zu der Erkenntnis, dass das konstituierende Merkmal lebender Organismen die »Autopoiese« sei, d. h. die Fähigkeit zur Selbstherstellung. »Autopoietische Systeme definieren selbst, welche Umweltereignisse in welcher Weise auf die Erzeugung ihrer Zustandsfolgen einwirken können« (Roth 1986, S. 157f.).

Für die Psychotherapie bedeutet das, dass der psychotherapeutische Prozess nicht der Effekt gezielter Interventionen, z. B. von Ratschlägen oder Deutungen, oder bestimmter Übungen ist, sondern von bestimmten Bedingungen, die der Aktualisierungstendenz Raum geben können, abhängt.

Das gesprächspsychotherapeutische Behandlungsprinzip der Nicht-Direktivität ist eine dieser Bedingungen, die dazu beitragen können. So formuliert der Gesprächspsychotherapeut das, was er glaubt empathisch verstanden zu haben, in der Regel als Verstehens*angebot*, das er dem Patienten zur Prüfung vorlegt.

3.2 Die therapeutische Beziehung als zentrales Therapeutikum

Die Schlüsselrolle bei der Ermöglichung therapeutischer Veränderungen wurde von Rogers in der therapeutischen Beziehung (▶ Kap. 5) bzw. im spezifischen gesprächspsychotherapeutischen Beziehungsangebot gesehen.

3.2.1 Wirksamkeitsnachweis der therapeutischen Beziehung durch die empirische Therapieforschung

Die empirische Psychotherapieforschung hat inzwischen seit langem die zentrale Bedeutung der therapeutischen Beziehung für den Therapieerfolg bestätigt (▶ Kap. 5), und nicht nur das: Heute tragen alle therapeutischen Schulen der zentralen Bedeutung der therapeutischen Beziehung für den therapeutischen Prozess Rechnung, wobei es aber gravierende konzeptuelle Unterschiede gibt. Während Rogers im gesprächspsychotherapeutischen Beziehungsangebot das zentrale therapeutische Agens sieht, bildet die therapeutische Beziehung z. B. in der Verhaltenstherapie nur die Grundlage für ein Arbeitsbündnis mit dem Patienten, in dessen Rahmen dann die auf die jeweiligen Symptome abgestimmten Interventionen zur Anwendung kommen.

3.2.2 Die Ergebnisse der Bindungsforschung als Beleg für die Bedeutung der (therapeutischen) Beziehung für die psychische Entwicklung

John Bowlby, der Begründer der Bindungstheorie, und Carl Rogers, der Begründer der Gesprächspsychotherapie, haben ihre Theorien über wichtige Determinanten der psychischen Entwicklung von Menschen in zwei völlig unterschiedlichen Beobachtungsfeldern entwickelt: Die Gesprächspsychotherapie hat sie durch Beobachtung psychotherapeutischer Prozesse bei Erwachsenen, die Bindungstheorie durch die Beobachtung des Verhaltens von Kindern und ihren wichtigen Beziehungspersonen gewonnen.

Insgesamt zeigt sich jedoch eine sehr hohe Übereinstimmung zwischen Bindungstheorie und Klientenzentrierter Entwicklungstheorie bezüglich der für eine gesunde psychische Entwicklung bedeutsamen Bedingungen und deren Gesetzmäßigkeiten:

1. Die klientenzentrierte Entwicklungstheorie (Biermann-Ratjen 2012) geht davon aus, dass Menschen ein von allen anderen Trieben und Bedürfnissen unabhängiges *Bedürfnis nach positiver Beachtung* (»need for positive regard«) in der Form von empathischem Verstehen durch einen wichtigen Anderen haben, dessen Befriedigung für die psychische Entwicklung von zentraler Bedeutung ist. Dieser »wichtige Andere« ist im frühen Entwicklungsstadium des Kindes in der Regel die Mutter. Dieses Bedürfnis nach positiver Beachtung entspricht dem *Bindungsbedürfnis der Bindungstheorie* (Höger 1990).
2. Der Beziehungsaspekt »bedingungsfreie wertschätzende Empathie« in der Gesprächspsychotherapie entspricht der *Feinfühligkeit* (Ainsworth et al. 1974) der Mutter in der Bindungstheorie und aus heutiger Sicht wahrscheinlich noch mehr ihrem *Reflective Functioning* (s. u.) im Sinne Fonagys (Fonagy et al. 1991; 1993).
3. In der Gesprächspsychotherapie wird wie in der Bindungstheorie in der Angst vor dem Verlust der positiven Beachtung bzw. vor dem Verlust der wichtigen Bindungsperson der Prototyp menschlicher Angst gesehen.

4. Die in das Selbstkonzept integrierten Erfahrungen, die immer auch Beziehungserfahrungen sind, determinieren in hohem Maße, welche neue Erfahrung – auch Beziehungserfahrung – später gemacht und in das Selbstkonzept integriert werden kann und welche abgewehrt wird und Inkongruenz bewirken kann. Die Funktion des *Selbstkonzepts* nach Rogers entspricht der des *Inneren Arbeitsmodells* der Bindungstheorie (vgl. Höger 1990).
5. Rogers hat die Funktion des gesprächspsychotherapeutischen Beziehungsangebotes darin gesehen, dass diese Beziehung so viel Sicherheit und Schutz bietet, dass sich der Klient seinen aktuellen ängstigenden Selbst- und Beziehungserfahrungen zuwenden und dabei Erfahrungen machen kann, die in sein Selbstkonzept integriert werden können.

Die gleiche Funktion weist Bowlby dem Therapeuten zu: Er bilde für den Patienten die *sichere Basis*, in deren Schutz der Patient seine *Inneren Arbeitsmodelle* von früheren und aktuellen Beziehungserfahrungen überprüfen kann (vgl. Höger 1993).

Zusammenfassend lässt sich feststellen: Die Ergebnisse der Bindungsforschung stützen die Annahmen Rogers über die wichtigen Determinanten der psychischen Entwicklung von Menschen in vollem Umfang.

3.3 Die Wirksamkeit der Ressourcenaktivierung belegt die Bedeutung der Aktualisierungstendenz

Die empirische Psychotherapieforschung hat als einen der vier bedeutsamsten psychotherapeutischen Wirkfaktoren die »Ressourcenaktivierung« (Grawe 1995) herausgestellt. Sie kann u. E. als eine der möglichen Konkretisierungen der Aktualisierungstendenz aufgefasst werden (Eckert 2013). Ressourcenaktivierung ermöglicht es dem Patienten, seine eigenen Fähigkeiten zu erkennen, zu erschließen und zu nutzen.

Ressourcenaktivierung wird heute als ein verfahrensübergreifender Wirkfaktor (z. B. Willutzki und Teismann 2013) angesehen, und die innerhalb des jeweiligen Verfahrens benutzten Methoden bzw. Mittel zur Ressourcenaktivierung sind entsprechend unterschiedlich.

In der Gesprächspsychotherapie ist die Gestaltung des therapeutischen Beziehungsangebotes darauf angelegt, den Selbstempathieprozess des Patienten zu fördern und ihm damit den Zugang zu dieser Ressource zu ermöglichen.

3.4 Neurobiologische Befunde stützen die Klientenzentrierten Theorien

Eines der zentralen Konzepte des Klientenzentrierten Ansatzes ist Empathie bzw. Einfühlung[4]. Einfühlendes Verstehen (Empathie) ist neben der Bedingungsfreien Positiven Beachtung auf der Grundlage eigener Kongruenz ein wesentlicher Aspekt des gesprächspsychotherapeutischen Beziehungsangebotes.

Die neurobiologische Forschung sieht in den sog. Spiegelneuronen (s. z. B. Bauer 2005) die biologische Basis für Empathie. Allerdings stammen die meisten Befunde aus der Untersuchung von Primaten (Makaten). Rizolatti et al. (1999) haben bei den Affen ein neuronales Resonanzverhalten herausgefunden, das auf zwei Wegen ausgelöst werden kann: Zum einen durch selbst ausgeführte Bewegungen und Gesten und zum anderen durch die Beobachtung dieser Gesten bei einem anderen.

---

4 Der von deutschen Philosophen, z. B. Wilhelm Dilthey (1833-1911), benutzte Begriff »Einfühlung« wurde von amerikanischen Autoren mit »empathy« übersetzt und als »Empathie« in die deutschsprachige Psychologie reimportiert.

3.4 Neurobiologische Befunde stützen die Klientenzentrierten Theorien

Die Empathiefähigkeit des Menschen bildet sich erst im Laufe seiner Entwicklung heraus. Vor der Mitte des 2. Lebensjahres sind Kinder nicht in der Lage, zwischen den eigenen und den Gefühlen des anderen zu unterscheiden (Bischof-Köhler 1989). Sie lassen sich bis zu diesem Alter von den Gefühlen anderer anstecken.

Die Empathiefähigkeit von Erwachsenen variiert in hohem Maße. Das wurde z. B. bei Müttern festgestellt, die sich mit ihrem Kind dem »Fremde-Situations-Test« nach Mary Ainsworth (Ainsworth et al. 1978) unterzogen, in dem der *Bindungsstil* des Kleinkindes festgestellt werden kann. Die Mütter unterschieden sich im Grad der »Feinfühligkeit« in ihrer Reaktion auf die emotionale Befindlichkeit ihres Kindes und in der Spontaneität ihres Reagierens.

Heute sind die Konstrukte Empathiefähigkeit und Feinfühligkeit weitgehend aufgegangen in dem komplexer ausgelegten Konstrukt der *Mentalisierungsfähigkeit*, das von der Arbeitsgruppe um den Psychoanalytiker Peter Fonagy entwickelt worden ist (s. Brockmann und Kirsch 2015). Die Mentalisierungsfähigkeit umfasst die Fähigkeiten, sich in die Gedanken, Gefühle, Wünsche und Vorstellungen einer anderen Person einzufühlen. Die Entwicklung des Bindungsstils und die Ausbildung der Mentalisierungsfähigkeit sind stark miteinander verschränkt, zumal beide Prozesse sich zeitlich überschneidend sehr früh einsetzen. Die Voraussetzung für die Entwicklung der Mentalisierungsfähigkeit ist eine sichere Bindung (Strauß 2008). Eine unsicher gebundene Person hat nur sehr eingeschränkte Möglichkeiten, ihre Mentalisierungsfähigkeit zu entwickeln.

Wieweit neurobiologische Prozesse, z. B. die Funktionalität der Spiegelneuronen, darauf Einfluss haben, ist unseres Wissens bisher nicht bekannt.

Ein weiterer Gegenstand der Validierung des Klientenzentrierten Konzepts ist das zentrale Konstrukt des *Selbst*. Unter neuropsychologischen Funktionsbegriffen lässt sich »das Selbst des Personzentrierten (= Klientenzentrierten) Ansatzes als eine vernetzte Wissensstruktur des *autobiographischen Gedächtnisses* betrachten« (Lux 2007, S. 101). Die Neuropsychologie unterscheidet verschiedene Formen des Gedächtnisses (Schacter 2001). »Das episodische Langzeitgedächtnis und die Teile des semantischen Langzeitgedächtnisses, die das Wissen über

Aspekte unserer Biographie umfassen, bilden das *autobiographische Gedächtnis*. Dieses ermöglicht unser Identitätserleben« (Lux 2007, S. 42).

Lux geht in Anlehnung an die Auffassung von Schacter (2001) davon aus, dass das autobiographische Gedächtnis die Grundlage dessen darstellt, was im Klientenzentrierten Ansatz als *Selbst* oder *Selbstkonzept* bezeichnet wird. Die aktivierten Wissensstrukturen des autobiographischen Gedächtnisses übernehmen organisatorische und regulative Funktionen für geistige Prozesse. Diese Funktion wird im Klientenzentrierten Ansatz als Symbolisierungsprozess beschrieben. Lux geht davon aus, dass in die aktivierten Wissensstrukturen auch die gefühlsmäßigen Bewertungen eingebunden sind und damit mitbestimmen, welche Erfahrungen bewusstseinsfähig werden und welche nicht.

Zusammenfassend stellt Lux in Anlehnung an das Fazit von Hüther (2004) fest, dass die grundlegenden theoretischen Annahmen des Klientenzentrierten Ansatzes »sehr gut zu den neurowissenschaftlichen Grundlagenbefunden passen« (Lux 2007, S. 102; Lux 2011).

4 Kernelemente der Diagnostik

Rogers hatte den Anspruch, sowohl die Wirkung von Psychotherapie als auch die zugrundeliegenden psychotherapeutischen Prozesse empirisch zu überprüfen. Obwohl seine wissenschaftstheoretischen Grundlagen die Phänomenologie und die humanistische Psychologie waren, benutzte er – mangels geeigneter Alternativen (Rogers 1959) – dazu die Methoden der naturwissenschaftlich-experimentell ausgerichteten Psychologie.

Als Rogers (1942) in seinem grundlegenden Werk acht Indikationskriterien für eine erfolgreiche Therapie bzw. Beratung aufführte, gab es noch keine geeigneten diagnostischen Klassifikationssysteme für psychische Krankheiten. Brauchbare Vorformen der heutigen Klassifikationssysteme erschienen erst 1951 (ICD-6) bzw. 1988 (DSM-III).

Nachdem Forschung und Praxis belegt hatten, dass einige dieser acht Kriterien prognostisch irrelevant waren, stellte Rogers (1951, dtsch. 1972, S. 205) die Frage: »Soll die Psychotherapie von einer vollständigen psychologischen Diagnose des Klienten ausgehen und darauf aufbauen? Das ist eine komplexe und komplizierte Frage, die noch von keiner therapeutischen Orientierung vollständig beantwortet worden ist.«

Seine Antwort auf diese Frage bestand in dem Versuch, Indikationsstellung und Prognose zu verbessern, indem er die bisher praktizierte Statusdiagnostik, d. h. u. a. die Erhebung psychopathologischer (z. B. Angstzustände) und soziodemografischer Merkmale (z. B. Bildungsstand) und zeitstabiler Persönlichkeitsmerkmale (z. B. Ausmaß der Introversion), durch eine auf den psychotherapeutischen Prozess ausgerichtete Indikationsdiagnostik erweiterte. Dazu entwickelte er eine Prozess-Skala (Rogers 1973, S. 130–162). Dieser Weg erwies sich im

Hinblick auf Indikation und Prognose als erfolgreich – und nicht nur im Rahmen einer Gesprächspsychotherapie: »Der beste Prädiktor für die Vorhersage des Erfolges einer Psychotherapie ist die ›Ansprechbarkeit des Patienten für das spezifische therapeutische Angebot‹« (Biermann-Ratjen et al. 2016, S. 182).

4.1 Auswirkungen von Rogers' Wissenschaftshaltung auf Ausbildung und therapeutische Praxis

Rogers' Forderung nach empirischer Evaluation therapeutischen Handelns hatte und hat nachhaltige Auswirkungen auf die Ausbildung und Praxis der Gesprächspsychotherapie. So sahen die Ausbildungsrichtlinien des ersten deutschen Fachverbandes für Gesprächspsychotherapie (GwG 1972) vor, die Ausbildungstherapien mit Ton- bzw. Videoaufnahmen zu dokumentieren und therapeutische Veränderungen mit geeigneten Messinstrumenten zu objektivieren. Die während der Ausbildung obligatorische Supervision der therapeutischen Arbeit war für Verbandsmitglieder auch nach Abschluss der Ausbildung vorgeschrieben, wenn sie ihr erworbenes Zertifikat weiterführen wollten.

Viele ausgebildete Gesprächspsychotherapeuten behielten auch in ihrer psychotherapeutischen Praxis bei, den Therapieverlauf (z. B. mit »Stundenbögen«, ▶ Kap. 4.2.2) und das Therapieergebnis mit Prä-Post-Messungen zu erfassen und die Gespräche zu Supervisionszwecken auf Tonträger aufzuzeichnen.

4.2 Diagnostische Verfahren

Im Laufe der Entwicklung der Gesprächspsychotherapie wurde eine Reihe von diagnostischen Verfahren eingesetzt, sowohl verfahrensunabhängige, wie das MMPI oder das FPI als auch verfahrensspezifische, wie die VEE-Skala (vgl. Schwab 2009; Eckert und Schwab 2016).

Eine für die praktische Anwendung gedachte manualartige Zusammenstellung vieler in der Gesprächspsychotherapie gebräuchlicher Verfahren hat Tscheulin (2001) vorgelegt.

Im Folgenden wird ein Überblick über diese Verfahren im Hinblick auf die jeweiligen diagnostischen Ziele, Indikationsstellung, Therapieprozess und Wirksamkeit gegeben.

4.2.1 Indikation und Prognose: Verfahren zur Eingangsdiagnostik.

a) Verfahrensunabhängig

Obligatorisch ist die Erhebung des psychopathologischen Zustandsbildes anhand gesetzlich vorgeschriebener – im deutschen Gesundheitswesen die ICD (Weltgesundheitsorganisation 1991) – und international gebräuchlicher Klassifikationssysteme, wie das DSM (American Psychiatric Association (APA) 1994).

Zur psychopathologischen Statusdiagnostik gehören häufig auch theorieübergreifende Verfahren, wie das *Freiburger Persönlichkeitsinventar* (FPI-R), *Symptomchecklisten* (SCL-90), *Basisdokumentation Psychotherapie* (Psy-BaDo) oder das *Inventar zur Erfassung interpersonaler Probleme* (IIP-D). Ihr Einsatz ermöglicht auch den Vergleich mit Patienten, die mit anderen Therapieverfahren behandelt werden.

b) Verfahrensspezifisch

In der Regel startet die Eingangsdiagnostik mit einem Erstgespräch (Eckert 2010), das so gestaltet wird, dass an seinem Ende der Erstinterviewer in der Lage ist, drei Indikationskriterien und ein Prognosekriterium einzuschätzen (Eckert et al. 2012, S. 152):

1. »Die Störung ist eine psychische, die eine Inkongruenz zur Grundlage hat.
2. Der Patient nimmt seine Inkongruenz als solche zumindest im Ansatz wahr und diese Wahrnehmung ist mit einem Veränderungswunsch verbunden.
3. Es ist ein Selbstkonzept und ein gewisses Ausmaß an Beziehungsfähigkeit zu sich selbst vorhanden.
4. (Prognosekriterium) Der Patient kann das gesprächspsychotherapeutische Beziehungsangebot zumindest in Ansätzen wahr- und annehmen.«

Das Interview schließt eine Probetherapiephase ein, die es ermöglichen soll, die »Ansprechbarkeit« des Klienten für das gesprächspsychotherapeutische Beziehungsangebot einzuschätzen.

Den Status der Persönlichkeit im Sinne der Klientenzentrierten Persönlichkeitstheorie erfasst der *Feelings, Reactions and Belief Survey* (FBRS) von Cartwright und Mori in der Übersetzung von Höger (1995). Er ist auch geeignet, Therapieziele abzuleiten und deren Erreichung durch eine wiederholte Vorlage des Fragebogens am Ende der Behandlung zu prüfen. Das gilt auch für die Skala zur Erfassung der Selbstakzeptierung (SESA) von Sorembe und Westhoff (1985).

Hinweise auf mögliche Probleme bei der Entwicklung der therapeutischen Beziehung kann der *Bielefelder Fragebogen zu Klientenerwartungen* (BFKE) von Höger (1999) liefern. Er erfasst auf der Grundlage der Bindungstheorie die Erwartungen des Klienten an die therapeutische Beziehung im Hinblick auf *Akzeptanzprobleme, Öffnungsbereitschaft* und *Zuwendungsbedürfnis*.

4.2.2 Therapieverlauf: Verfahren zur Prozessdiagnostik

Die zentrale Bedeutung des Therapieprozesses und der therapeutischen Beziehung in der Gesprächspsychotherapie spiegelt sich auch in den Bemühungen, dafür geeignete Messinstrumente zu entwickeln. Methodisch handelt es sich um Selbsteinschätzungsverfahren (Fragebögen) oder um Fremdbeurteilungsverfahren (Ratingskalen). Unter den Fragebögen haben sich vor allem das *Relationship Inventory* von Barrett-Lennard (1962) und zur Erfassung der unmittelbaren Wirkung des Therapieprozesses der Erfahrungsbogen (»Stundenbogen«) für den

Klienten (*Bielefelder Klienten-Erfahrungsbogen* (BIKEB, Höger und Eckert 1997) und Therapeuten (TEB, enthalten in Tscheulin 2001) bewährt.

Auch für die Erfassung der wichtigsten Aspekte der gesprächspsychotherapeutischen Beziehung sind Ratingskalen mit ausreichend guten Testgütekriterien entwickelt worden: Für die *Empathie* die Skala *Verbalisierung Emotionaler Erlebnisinhalte* (VEE, Tausch et al. 1969), für den Grad der bewussten Selbstauseinandersetzung des Klienten mit den eigenen Erfahrungen die Skala *Selbstexploration* (SE-Skala, Tausch et al. 1969) bzw. die *Experiencing*-Skala (dtsch: Dahlhoff und Bommert 1978).

Die Verfahren der Prozessdiagnostik werden in der Praxis hauptsächlich in der Supervisionsarbeit angewendet. Sie erlauben eine relativ objektive Einschätzung des Therapieprozesses und können Hinweise auf eine evtl. erforderliche Korrektur des Therapeutenverhaltens geben. Die Erhebungsinstrumente selbst und Hinweise für ihren Praxiseinsatz finden sich in Biermann-Ratjen et al. (2016) bzw. im Lehrbuch Gesprächspsychotherapie (Eckert et al. 2012).

4.2.3 Therapieergebnis: Verfahren zur Evaluation der Veränderungen

Die Erhebung der therapeutisch bewirkten Veränderungen dienen nicht nur dem Therapeuten und seinem Patienten als Rückmeldung über das Therapieergebnis, sondern sie dienen auch der im Rahmen der psychotherapeutischen Versorgung erforderlichen Qualitätssicherung (s. z. B. Härter, Linster und Stieglitz 2003).

In der Regel werden die bei der Eingangsdiagnostik eingesetzten Messinstrumente am Ende der Behandlung ein zweites Mal vorgelegt und die errechneten Testwertdifferenzen (Prä-Post-Testwerte) als Maß der Veränderung aufgefasst. Dabei wird berücksichtigt, dass die gemessenen Differenzen ein gewisses Ausmaß haben müssen, um auszuschließen, dass es sich um zufällige Messwertschwankungen handelt.

Bei der Auswahl der Messinstrumente, die den Therapieerfolg messen sollen, werden in der Regel zwei Prinzipien zugrunde gelegt: 1. Die eingesetzten Instrumente erfassen ein möglichst breites Spektrum des

Verhaltens und Erlebens, das durch psychische Störungen beeinträchtigt werden kann, und 2. die Testgütekriterien der ausgewählten Instrumente sind ausreichend und die Tests werden auch in anderen Wirksamkeitsstudien eingesetzt, sodass ein Vergleich der Ergebnisse mit anderen Therapieverfahren möglich ist.

Eine weitere, häufig genutzte Möglichkeit der Veränderungsmessung besteht in einer direkten Einschätzung der erzielten Veränderung am Ende der Behandlung. In der Gesprächspsychotherapie hat sich dafür der *Veränderungsfragebogen des Erlebens und Verhaltens* (VEV) von Zielke und Kopf-Mehnert (1978) bewährt. Der Patient schätzt 42 Items ein, die als Veränderungsaussagen bezogen auf den Therapiebeginn (»Ich kann jetzt besser ...«) formuliert sind. Dieser Fragebogen kann auch zum Zeitpunkt der Katamnese vorgelegt werden, um die Veränderungen im Katamnesezeitraum einschätzen zu lassen.

Eine direkte Beurteilung der therapeutischen Behandlung nimmt der *STRUPP-Fragebogen* vor (nach Strupp et al. 1964, zit. nach Tausch 1973, enthalten im WLF von Tscheulin 2001). So lautet die pauschale Eingangsfrage (Item 1): »Wenn Sie alles erwägen, wie zufrieden sind Sie mit dem Ergebnis Ihrer psychotherapeutischen Gespräche?« (6-stufig von »sehr unzufrieden« bis »sehr zufrieden«).

4.3 Fazit

Auf der Grundlage von Rogers' Anliegen, die Wirkung von Psychotherapie und die ihr zugrundeliegenden Prozesse empirisch zu erforschen, hat die Diagnostik in der Gesprächspsychotherapie eine lange Tradition, die auch die Psychotherapieforschung beeinflusst hat. Kiesler, ein Mitarbeiter in Rogers' Arbeitsgruppe an der Universität in Chicago, hat mit seinem viel beachteten »Gittermodell für Theorie und Forschung in der Psychotherapie« (Kiesler 1969) den theoretischen Grundstein für eine Differentielle Psychologie psychotherapeutischer Behandlungen gelegt (vgl. Eckert 2004).

5 Kernelemente der Therapie

5.1 Die Theorie der Therapie und der Persönlichkeitsveränderung

5.1.1 Bedingungen für den psychotherapeutischen Prozess

Die Bedingungen für den psychotherapeutischen Prozess sind nach Rogers (1957):

1. Dass zwei Personen miteinander Kontakt haben
2. Dass die eine der beiden Personen, die Klient genannt werden soll, sich in einem Zustand der Inkongruenz befindet, verletzlich oder ängstlich ist
3. Dass die andere Person, die Therapeut genannt werden soll, in der Beziehung zum Klienten kongruent ist
4. Dass der Therapeut fühlt, dass er den Klienten bedingungsfrei positiv beachtet
5. Dass der Therapeut den Inneren Bezugsrahmen des Klienten empathisch versteht
6. Dass der Klient zumindest im Ansatz die Bedingungen vier und fünf wahrnimmt: dass ihn der Therapeut bedingungsfrei positiv beachtet und empathisch versteht

Damit diese viel zitierten und vielfältig interpretierten »notwendigen und hinreichenden Bedingungen für den psychotherapeutischen Prozess« (Rogers 1957) so verstanden werden können, wie Rogers sie gemeint hat, sollen an dieser Stelle zunächst die Begriffe, die er zu ihrer Kennzeichnung gewählt hat, seinen Beschreibungen (▶ Kap. 2) folgend erläutert werden. Die Zahl hinter einem Begriff gibt die Nummer an, die sie in Rogers Katalog der wesentlichen Begriffe des Klientenzentrierten Konzepts (Rogers 1959, p. 196-212; dtsch. 2009, S. 26-46) hat und die in diesem Buch mit derselben Nummerierung in deutscher Übersetzung[5] im Glossar (▶ Kap. 14) wiedergegeben sind.

> Ad 1: Zwei Personen befinden sich in einem psychologischen Kontakt (27) heißt: Die je eine bewirkt im Erfahrungsfeld (3) der je anderen eine wahrgenommene (9) oder unterschwellig wahrgenommene (10) Veränderung. Die Erfahrung eines Kontaktes ist das Minimum dessen, was man eine Beziehung nennen kann.

> Ad 2: Inkongruenz (4) bezeichnet eine Diskrepanz zwischen der wahrgenommenen (9) Selbsterfahrung (11) und der aktuellen Erfahrung (3) des Organismus (14).

Die inkongruente Person ist sich also nur eines Teils dessen bewusst, was der Organismus erlebt. Oder sie erlebt Teile ihrer Erfahrung nicht als »ihre« Erfahrung.

Wenn die gesamte Erfahrung – also alles, was sich im gegebenen Moment im Organismus abspielt und theoretisch bewusst werden könnte – genau symbolisiert, d. h. bewusst würde, träten sowohl andere Charakteristiken des Selbst als auch z. B. andere Gefühle (5) zutage.

Bei Inkongruenz werden Spannung und innere Konfusion erlebt, und sie kann zu widersprüchlichem und unverständlichem Verhalten führen.

Eine Selbst-Erfahrung mache ich dann, wenn ich zusammen mit einem Ereignis mich »selbst«, »mich«, »Ich« oder ähnliches wahrneh-

---

5 Bei der Darstellung der Begriffe wurde in diesem Text vor allem die englische Originalpublikation (Rogers 1959) zugrunde gelegt

5.1 Die Theorie der Therapie und der Persönlichkeitsveränderung

me. Selbst-Erfahrungen sind das Rohmaterial, aus dem das organisierte Selbst-Konzept entsteht (11).

Mit den Begriffen Selbst, Selbstkonzept und Selbststruktur wird die organisierte, in sich geschlossene Gestalt bezeichnet, die sich – bei jeder Erfahrung neu – aus der Wahrnehmung der Charakteristiken des »ich« oder »mich« und der Wahrnehmung der Beziehungen des »ich« oder »mich« zu anderen Menschen und verschiedenen Aspekten des Lebens, zusammen mit den Bewertungen dieser Wahrnehmungen ergibt. Diese Gestalt kann jeweils bewusst werden. Sie ist eine fließende, sich verändernde Gestalt, ein Prozess, aber in jedem Moment eine spezifische Einheit, auf die man seine Aufmerksamkeit richten kann und die zumindest teilweise beschrieben werden kann.

Die Begriffe Selbst und Selbstkonzept werden eher benutzt, wenn eine Person ihre Sicht von sich selbst beschreibt, der Begriff Selbststruktur dann, wenn diese Gestalt von außen betrachtet wird (12).

Wenn Inkongruenz besteht, wenn sich also die wahrgenommene Selbsterfahrung von der tatsächlichen aktuellen Erfahrung des Organismus unterscheidet, diese Diskrepanz aber nicht bewusst ist, dann ist das Individuum vulnerabel. Es besteht dann eine Neigung zur Entwicklung von Angst (16), dem Empfinden, aus unbekannter Quelle bedroht zu sein, und zur Desorganisation.

Inkongruenz wird Vulnerabilität genannt, wenn die Anfälligkeit für psychische Desorganisation betont werden soll (15).

Wenn eine wichtige neue Erfahrung so klar nicht mit dem Selbst zu vereinbaren ist, dass die Inkongruenz bewusst wahrgenommen wird, dann ist das Individuum – von außen betrachtet – in seiner Struktur bedroht (17) und – von innen betrachtet – in seinem Selbstkonzept verunsichert.

Inkongruenz ist ein Schlüsselbegriff des Klientenzentrierten Konzeptes. Inkongruenz ist gleichbedeutend mit psychologischer Fehlanpassung, die Rogers wie folgt definiert:

»Psychologische Fehlanpassung besteht dann, wenn der Organismus wichtige Erfahrungen im Gewahrsein verleugnet oder verzerrt, so dass sie nicht korrekt symbolisiert und in die Gestalt der Selbststruktur integriert werden mit der Folge von Inkongruenz zwischen Selbst und Erfahrung« (Rogers 1959, S. 204).

Eine Person im Zustand der Inkongruenz zwischen Selbst und Erfahrungen

- ist von außen betrachtet vulnerabel oder bedroht,
- ist aus sozialer Sicht fehlangepasst,
- kann sich in der Selbstsicht als angepasst sehen, wenn sie der Diskrepanz nicht gewahr wird,
- oder kann Angst erleben, wenn ihr die Diskrepanz dämmert,
- oder Bedrohung und Desorganisation, wenn ihr die Diskrepanz bewusst geworden ist.

Inkongruenz wird möglich durch Abwehr. Bei Erfahrungen, die nicht mit dem Selbstkonzept zu vereinbaren sind bzw. deren Anerkennung als Selbsterfahrung eine bedeutsame Umstrukturierung des bestehenden Selbstkonzepts zur Folge hätte, tritt Abwehr auf.

Der Organismus ist in der Lage, Erfahrungen bzw. deren Bedeutung, dass sie das bestehende Selbstkonzept infrage stellen, im Gewahrsein so zu entstellen, als stellten sie keine Diskrepanz zum Selbstkonzept dar. Er kann solchermaßen bedrohliche Erfahrungen aber auch ganz verleugnen.

> Ad 3: Wenn Selbsterfahrungen genau symbolisiert werden und in dieser genau symbolisierten Form in das Selbstkonzept integriert werden können, dann besteht ein Zustand der Kongruenz von Selbst und Erfahrung. Wenn eine Person bei allen Selbsterfahrungen kongruent bliebe, dann wäre sie eine »fully functioning person« (s. Stumm et al. 2003, S. 133 ff.).

Wenn diese Übereinstimmung bei einigen spezifischen Aspekten der Erfahrung gegeben ist, wie etwa bei den Erfahrungen in einer bestimmten Beziehung – z. B. zu einem Klienten – oder in einem bestimmten Moment – z. B. jetzt in dieser Therapiestunde –, dann befindet sich die Person zu einem bestimmten Ausmaß in einem Zustand von Kongruenz.

Synonyme für kongruent sind: integriert, ganz, echt (genuine) (22).

5.1 Die Theorie der Therapie und der Persönlichkeitsveränderung

Es gehört also zu den Bedingungen für den psychotherapeutischen Prozess, dass der Klient mit der Inkongruenz in seinem Erleben beschäftigt ist, die von außen betrachtet als mangelnde Anpassung erscheint bzw. die Behandlungsbedürftigkeit des Klienten begründet. Im Gegensatz dazu ist der Therapeut in der Beziehung zum Klienten nicht inkongruent. Er kann sich seiner gesamten Erfahrung im Kontakt mit dem Klienten und in der Reaktion auf ihn bewusst werden und er muss nichts von seinem Erleben verzerren oder verleugnen, weil es nicht mit seinem Selbstkonzept zu vereinbaren wäre. Er ist also integriert, ganz und echt und erscheint auch so.

> Ad 4: Die vierte Bedingung für den psychotherapeutischen Prozess ist, dass der Therapeut fühlt, dass er den Klienten bedingungsfrei positiv beachtet.

Er tut das dann, wenn er alle Selbsterfahrungen des Klienten gleichermaßen positiv beachtet, keine als mehr oder weniger der positiven Beachtung wert erachtet als die anderen.

Der Therapeut kann fühlen, ob er den Klienten z. B. weniger gut annehmen kann, wenn der wütend ist, oder besonders schätzt, wenn der sich mutig zeigt.

Was es bedeutet, eine Person bedingungsfrei positiv zu beachten, und warum sie wertschätzend zu akzeptieren (»prize«), unabhängig von der Bewertung ihres spezifischen Verhaltens, ein Synonym dafür ist, sie bedingungsfrei positiv zu beachten (30), lässt sich nur schwer beschreiben ohne darauf hinzuweisen, dass es dabei um ein Gefühl geht, das das empathische Verstehen begleitet. Wir werden also auf die »Bedingungsfreie Positive Beachtung« nach der Erläuterung der 5. Bedingung für den psychotherapeutischen Prozess zurückkommen.

> Ad 5: Die fünfte Bedingung für den psychotherapeutischen Prozess ist, dass der Therapeut den Inneren Bezugsrahmen des Klienten empathisch versteht.

5 Kernelemente der Therapie

Der Innere Bezugsrahmen ist die innere Welt der Person: ihr Erleben der Welt und ihrer selbst in und mit der Welt. Nur sie selbst kann diese innere Welt ganz kennen. Eine andere Person kann sie nur durch Empathie erfassen, aber nie vollständig (38).

Der Zustand der Empathie oder empathisch sein bedeutet, den Inneren Bezugsrahmen einer anderen Person genau wahrzunehmen mit allen dazugehörenden emotionalen Komponenten und Bedeutungen, so als wäre man die andere Person, ohne aber jemals aus dem Auge zu verlieren, dass es nur so ist, »als ob« man die andere Person wäre. Es bedeutet, den Schmerz und die Freude des anderen zu empfinden, so wie er sie empfindet, und die Gründe dafür so wahrzunehmen, wie er sie wahrnimmt, ohne aber jemals zu übersehen, dass es ist, »als ob« ich verletzt oder erfreut wäre. Wenn die »als ob«-Qualität verloren geht, besteht ein Zustand der Identifikation (39).

Um Missverständnisse auszuräumen, hat sich Rogers in seinem Leben als Psychotherapeut immer wieder neu und immer wieder präzisierend zu seinem Verständnis von Empathie und ihrer Bedeutung für die therapeutische Beziehung und den therapeutischen Prozess geäußert.

So lesen wir z. B. im Buch »Die Person als Mittelpunkt der Welt«, das er zusammen mit Rachel L. Rosenberg (1980) zunächst in portugiesischer Sprache (1977) veröffentlicht hat, über »Empathie – eine unterschätzte Seinsweise«:

> »Bei meiner Arbeit als Therapeut habe ich sehr früh entdeckt, dass dem Klienten einfach zuhören, und zwar sehr aufmerksam, eine ganz wichtige Art des Helfens ist. Wenn ich mir nicht im Klaren war, was ich aktiv tun sollte, dann hörte ich zu. Es überraschte mich, dass eine solch passive Art der Interaktion so nützlich sein konnte.
>
> Etwas später lernte ich durch eine Sozialarbeiterin aus der Rankschen Schule (Taft), dass die wirkungsvollste Art von Hilfe diejenige war, darauf zu achten, welche Gefühle und Emotionen sich in den Worten des Klienten kundtaten. Ich glaube, dass von ihr die Idee kam, die beste Antwort eines Therapeuten bestehe darin, die Gefühle dem Klienten zu »reflektieren«, zurückzuspiegeln – ein Wort, das mich im Lauf der Jahre zusammenzucken ließ, das aber zu der Zeit meine Arbeit als Therapeut verbesserte, und dafür war ich dankbar. [...]
>
> Die Folgen jedoch, die sich aus dieser Konzentration auf die Reaktionen des Therapeuten ergaben, erschreckten mich. [...] Innerhalb weniger Jahre

5.1 Die Theorie der Therapie und der Persönlichkeitsveränderung

wurde der ganze Ansatz als »Technik« bekannt. »Die nicht-direktive Therapie«, so sagte man, »ist die Technik, die Gefühle des Klienten zu reflektieren«. Eine noch schlimmere Karikatur war folgende: »Bei der nicht-direktiven Therapie wiederholt man das letzte Wort des Klienten«. Ich war über diese Verzerrungen unseres Ansatzes so schockiert, dass ich jahrelang fast nichts mehr über empathisches Zuhören sagte« (Rogers und Rosenberg 2005, S. 75f.)

»Empathie ist oft definiert worden, und ich selbst habe mehrere Definitionen gegeben. [...] Für eine aktuelle Definition möchte ich auf Gendlins (1962) Konzept des Erlebens zurückgreifen. Dieses Konzept hat unser Denken in vielfältiger Weise bereichert. Es besagt, dass der menschliche Organismus durch ständiges Erleben charakterisiert sei, auf welches das Individuum immer wieder zurückgreifen kann, wenn es die Bedeutung seiner Erfahrungen entdecken will. Für Gendlin richtet sich Empathie auf die »gefühlte Bedeutung«, die der Klient in diesem bestimmten Augenblick erfährt« (Rogers und Rosenberg 2005, S. 77 f.)

»Vor diesem Hintergrund möchte ich eine (neue) Definition der Empathie versuchen [...] (und) nicht mehr von einem »Zustand der Empathie« sprechen, denn ich glaube, dass es sich hier eher um einen Prozess als um einen Zustand handelt. [...] Empathie bedeutet, die private Wahrnehmungswelt des anderen zu betreten und darin ganz und gar heimisch zu werden. Sie beinhaltet, in jedem Augenblick ein Gespür zu haben für die sich ändernden, gefühlten Bedeutungen in dieser anderen Person, für Furcht, Wut, Zärtlichkeit, Verwirrung oder was auch immer sie erlebend empfindet. Empathie bedeutet, zeitweilig das Leben dieser Person zu leben; sich vorsichtig darin zu bewegen, ohne vorschnell Urteile zu fällen; Bedeutungen zu erahnen, deren sie selbst kaum gewahr wird; nicht aber, Gefühle aufzudecken versuchen, deren sich die Person gar nicht bewusst ist, dies wäre zu bedrohlich. Sie schließt ein, dass man die eigenen Empfindungen über die Welt dieser Person mitteilt, da man mit frischen und furchtlosen Augen auf Dinge blickt, vor denen sie sich fürchtet. Sie bedeutet schließlich, die Genauigkeit eigener (empathischer) Empfindungen häufig mit der anderen Person zusammen zu überprüfen und sich von ihren Reaktionen leiten zu lassen. Der Therapeut ist für die Person der vertraute Begleiter in ihrer inneren Welt. Indem er sie auf die möglichen Bedeutungen in ihrem Erlebensfluss hinweist, hilft er ihr, sich auf einen Bezugspunkt zu konzentrieren, die Bedeutungen stärker zu erleben und im Erleben selbst Fortschritte zu machen.

Mit anderen Menschen in dieser Weise umzugehen heißt, eigene Ansichten und Wertvorstellungen beiseite zu lassen, um die Welt des anderen ohne Vorurteile betreten zu können. [...] Diese Beschreibung macht vielleicht klar, dass empathisch sein eine komplexe, fordernde, harte, aber zugleich auch subtile und sanfte Art des Umgangs ist« (Rogers und Rosenberg 2005, S. 79).

Und diese Beschreibung macht klar, dass die Empathie des Therapeuten als Bedingung für den psychotherapeutischen Prozess nicht zu definieren ist ohne ihre Verbindung zur Bedingungsfreien Positiven Beachtung und zur Kongruenz des Therapeuten in der Therapiesituation aufzuzeigen.

> Ad 6: Die sechste Bedingung für den psychotherapeutischen Prozess ist, dass der Klient zumindest im Ansatz das empathische Verstehen und die Bedingungsfreie Positive Beachtung des Therapeuten wahrnimmt, dass also der Therapeut keine der Selbsterfahrungen des Klienten, die er empathisch als dessen persönliche Erfahrungen wahrnimmt, als mehr oder weniger der positiven Beachtung wert erachtet als die anderen.

Die Kernelemente der Theorie der Gesprächspsychotherapie sind also darin zu sehen, dass

1. Bedingungen für den psychotherapeutischen Prozess benannt werden und nicht therapeutische Interventionen und dass
2. diese Bedingungen eine bestimmte Beziehung zwischen Therapeut und Klient definieren, die der eine ohne den anderen nicht herstellen kann.

Man kann sagen, dass die Bedingungen für den psychotherapeutischen Prozess auf der Seite des Klienten sind,

- dass er Kontakt zum Therapeuten aufnimmt und
- inkongruent ist, mit einem Erleben beschäftigt, das sein Selbstkonzept infrage stellt, und damit, was das für ihn bedeutet an Spannung, Angst, Desorganisation, sowie
- dass er zumindest im Ansatz das empathisch verstehende und unbedingt positiv beachtende Beziehungsangebot des Therapeuten annehmen kann.

Auf der Seite des Therapeuten sind die Bedingungen für den Therapeutischen Prozess,

- dass er kongruent ist, sich aller seiner Selbsterfahrungen im Kontakt mit dem Klienten bewusst werden kann,
- dass er dabei fühlen kann, dass er den Klienten, was auch immer der mit sich selbst erlebt, als eine Person von Wert annehmen kann, und
- dass er sich in das Erleben des Klienten einfühlen kann, als wäre es sein eigenes.

Aber weder der Klient noch der Therapeut können diese Bedingungen handelnd herstellen. Sie können nur selbst feststellen, ob sie diese Bedingungen erfüllen. Und Beobachter können das auch.

In der Selbstreflexion kann der Therapeut vor allem feststellen, ob er dem Klienten gegenüber andere Gefühle empfindet als Bedingungsfreie Positive Beachtung bzw. Wertschätzung. Wenn das der Fall ist, kann er davon ausgehen, dass er entweder den Klienten nicht vollständig oder nicht in dessen Bezugsrahmen wahrgenommen hat.

Wenn es ihm gelingt herauszufinden, welche seiner eigenen Bewertungen dabei eine Rolle spielen, dann wird es ihm auch gelingen, sich erneut auf das innere Bezugssystem des Klienten zu konzentrieren und auf dessen Selbstbewertungen oder die Bedeutung, die bestimmte Erfahrungen aus dessen Sicht haben.

Gelingt diese Wiederherstellung der Bedingungsfreien Positiven Beachtung des Klienten durch Selbstreflexion nicht, bedarf der Therapeut einer Supervision. Er benötigt dann Hilfe dabei, sich selbst in seiner Beurteilung des Klienten zu verstehen.

Wenn der Therapeut den Klienten wieder bedingungsfrei positiv beachten kann, dann kann er das auch wieder fühlen und zum Ausdruck bringen und auch wieder kongruent sein.

Und nur in einem kongruenten Therapeuten kann wiederum der Klient empathisches Verstehen und Bedingungsfreie Positive Beachtung wahrnehmen und auch annehmen.

Die Bedingungen für den therapeutischen Prozess auf der Seite des Therapeuten: seine bedingungsfreie positive empathische Beachtung des Erlebens des Klienten in dessen Innerem Bezugsrahmen bedeuten, dass der Klient in keiner Weise in seinem Erleben bewertet wird. Wenn er das wahrnehmen kann, dann kann er sich ohne Angst vor Bewertung seinen Selbsterfahrungen zuwenden und sie immer vollständiger symbolisieren bzw. in sein bewusstes Erleben integrieren. Das Bild des Klienten von sich selbst in seiner Erlebenswelt wird dabei immer klarer und differenzierter und vor allem angemessener im Sinne von geeigneter für die Begegnung mit der Welt.

Im Folgenden geht es darum, wie der therapeutische Veränderungsprozess von außen betrachtet aussieht.

Er besteht in einer allmählichen Veränderung des konkreten Prozesses der Bewusstwerdung von Erfahrung. Der Klient wird immer weniger inkongruent, wehrt immer weniger Erfahrungen ab, versteht sich selbst immer besser und vollständiger, sodass er sich selbst auch immer besser akzeptieren kann.

Damit kann er auch immer mehr die Beziehung zu sich selbst haben, die der Therapeut ihm anbietet.

Unsere Ausführungen haben das hoffentlich klarmachen können.

Es ist möglich, dass ein Beobachter, und das kann auch der Klient sein, einschätzen kann, wie empathisch, bedingungsfrei wertschätzend oder kongruent ein Therapeut in einer gegebenen Therapiesituation ist. Es ist jedoch falsch und sehr irreführend, jedenfalls weit weg von Rogers' Denken, wenn gesagt wird:

Der Gesprächspsychotherapeut behandele mit

1. Kongruenz
2. Bedingungsfreier Positiver Beachtung und
3. Empathie.

Wenn es unbedingt sein muss, dass die Gesprächspsychotherapie als Interventionsform beschrieben wird, dann kann man höchstens sagen, der Gesprächspsychotherapeut behandelt mit dem Bemühen, dem Klienten ein bestimmtes Beziehungsangebot wahrnehmbar und annehmbar zu machen.

Die gesprächspsychotherapeutische Beziehung ist die Gesprächspsychotherapie. Wenn sie gelingt, entwickelt sich im Klienten ein Veränderungsprozess.

In diesem Punkt unterscheidet sich die Gesprächspsychotherapie von anderen Therapieformen, in denen die therapeutische Beziehung entweder als ein therapeutischer Wirkfaktor unter anderen angesehen wird oder als eine Grundlage dafür, dass Interventionen wirken können.

5.1.2 Der Psychotherapieprozess von außen betrachtet

Im Folgenden wird der Therapieprozess in seiner Entwicklung so beschrieben, wie er sich von außen betrachtet darstellt. Es wird also nicht ausgeführt, wie der Klient das erlebt, was sich im Kontakt mit dem Therapeuten ereignet, und auch nicht, welche Veränderungen er dabei an sich selbst bemerkt, sondern welche Veränderungen im Erleben des Klienten ein außenstehender Beobachter im Verlauf der Therapie feststellen kann.

Auf dem sogenannten Prozess-Kontinuum werden sieben Stufen unterschieden. Der Umgang des Klienten mit seiner Erfahrung in einem beliebigen Ausschnitt eines Therapiegesprächs kann je einer dieser Stufen zugeordnet werden. Dabei können verschiedene Ausschnitte aus ein und demselben Gespräch durchaus verschiedenen Stufen zuzuordnen sein.

Die Stufen markieren den jeweiligen Stand dessen, was Rogers die Persönlichkeitsentwicklung im Verlauf des Therapieprozesses nennt. Unter den Bedingungen für den Therapieprozess – dass der Klient über einen gewissen Zeitraum hinweg die Erfahrung macht, dass er bedingungsfrei positiv empathisch beachtet wird – verändert sich der Umgang des Klienten mit seiner Erfahrung. Er durchläuft eine Entwicklung, die durch eine Veränderung in bestimmten Dimensionen charakterisiert ist.

Ausgehend von einem unteren Pol, der durch Intensionalität (▶ Kap. 14, Glossar), Starrheit und Distanz gegenüber der Erfahrung gekennzeichnet ist, bewegt er sich im Verlauf einer erfolgreichen Therapie zu einem oberen Pol, an dem das Erleben lebendig und wie in einem Fluss sowie von Extensionalität (▶ Kap. 14, Glossar) geprägt ist.

- Der Veränderungsprozess beinhaltet eine Auflockerung des Fühlens.
- Er beinhaltet eine Veränderung in der Art und Weise des Erfahrens.
- Er beinhaltet eine Bewegung von Inkongruenz zu Kongruenz.
- Der Prozess beinhaltet eine Veränderung der Art und des Ausmaßes der Fähigkeit und der Bereitschaft, sich über sich selbst – in einem Kontakt, in dem man sich angenommen fühlen kann – mitzuteilen.
- Die Veränderung beinhaltet eine Auflockerung der kognitiven Konstrukte, mit denen die Erfahrung interpretiert wird.
- Im Verlauf des Prozesses verändert sich die Beziehung des Klienten zu seinen Problemen.
- Und es verändert sich die Art und Weise, in der die Person Beziehungen zu anderen aufnimmt. Enge Beziehungen werden immer weniger vermieden und als immer weniger gefährlich erlebt.

Diese sieben Gesichtspunkte oder Dimensionen können auf den unteren Stufen des Prozesskontinuums noch recht klar voneinander unterschieden werden. Auf den zunehmend höheren Stufen wird das immer schwieriger bzw. künstlicher.

1. Stufe des Prozess-Kontinuums

Am Pol des starren, distanzierten Erlebens, auf der ersten der sieben Stufen

- besteht eine Abneigung, sich persönlich mitzuteilen. Mitteilungen erfolgen nur im Hinblick auf Erfahrungen mit der Außenwelt, nicht über das, was der Klient in seinem Inneren erlebt,
- werden Gefühle und anderes Erleben der Bedeutung, die Erfahrung hat, nicht anerkannt bzw. nicht zugegeben,
- sind die persönlichen Konstrukte zur Interpretation der Erfahrung extrem starr,
- werden enge und kommunikative Beziehungen zu anderen Menschen als gefährlich angesehen,

5.1 Die Theorie der Therapie und der Persönlichkeitsveränderung

- werden Probleme weder erkannt noch als die eigenen angesehen,
- gibt es kein Bedürfnis nach Veränderung,
- gibt es Sperren gegen die innere Kommunikation, z. B. gegen den Vergleich von Selbstkonzept und organismischer Erfahrung.

Gendlin und Zimrig (1955) haben solches Erleben »strukturgebunden« genannt.

Die Dimensionen des Umgangs des Klienten mit seiner Erfahrung in der Beziehung zum Therapeuten können auf dieser untersten Stufe also noch leicht voneinander unterschieden werden:

- Die Bereitschaft, sich bezüglich des persönlichen Erlebens mitzuteilen von
- der Anerkennung der eigenen Gefühle und anderen Hinweisen im eigenen Erleben darauf, welche Bedeutung eine Erfahrung hat.
- Die Flexibilität bei der Symbolisierung und Interpretation von Erfahrung vom
- Ausmaß der Angst enge Beziehungen einzugehen und sich Beziehungspartnern mitzuteilen. Und diese wiederum vom
- Bewusstsein für Probleme und dafür, dass es die eigenen sind,
- Dem Wunsch, sich selbst zu verändern, und der
- Inneren Kommunikation und Selbstreflexion.

Menschen, die so starr und distanziert im Erleben und in der Kommunikation mit anderen Menschen und sich selbst sind, wie auf der ersten Stufe beschrieben, trifft man selten als Klienten an. Sie beschäftigen sich selbst nicht mit dem, was in ihnen vor sich geht, und möchten auch andere nicht damit beschäftigen. Sie empfinden es sogar als gefährlich, sich über sich selbst mitzuteilen. Außerdem sehen sie keine Probleme bei sich selbst und daher auch keine Notwendigkeit, sich selbst zu verändern und dafür Hilfe bei einem Psychotherapeuten zu suchen. Wenn sie aber, z. B. bei einer Behandlung nach einem Burnout oder einem Herzinfarkt, im Kontakt mit einem Berater oder Psychotherapeuten in einer Rehabilitationsklinik die Erfahrung machen, in ihrem Erleben unbedingt positiv empathisch beachtet und als Person ohne Abstriche respektiert zu werden, kann es sein, dass ihr Umgang mit ihrer Erfahrung und sich selbst und dem Therapeuten sich so verändert, dass er der zweiten Stufe im psychotherapeutischen Prozess entspricht.

2. Stufe des Prozess-Kontinuums

In dieser zweiten Phase sieht der Umgang des Klienten mit seiner Erfahrung – beschrieben in den sieben Dimensionen des Prozesskontinuums – so aus:

- Seine Mitteilungen über Themen, die nichts mit seinem Selbst zu tun haben, werden flüssiger. Zum Beispiel: Ich vermute, dass mein Vater Angst vor beruflichem Misserfolg hatte.
- Probleme werden wahrgenommen, aber als etwas außerhalb des Selbst.
- Dementsprechend wird die Verantwortung für Probleme nicht bei sich selbst gesehen.
- Gefühle werden beschrieben, aber so, als seien sie nicht die eigenen oder gehörten der Vergangenheit an. Zum Beispiel: Ich hatte eine Depression.
- Es kann vorkommen, dass Gefühle gezeigt, aber nicht als solche oder als eigene erkannt werden.
- Die Erfahrung ist an die Vergangenheit gebunden. Die persönlichen Konstrukte zur Interpretation der Erfahrung sind starr. Sie werden nicht als Konstrukte erkannt, sondern für Tatsachen gehalten.
- Die persönlichen Meinungen sind undifferenziert, es gibt nur wenige und allgemeine emotionale Stellungnahmen. Zum Beispiel: Immer, nie, gut, schlecht.
- Widersprüche im Erleben werden zum Ausdruck gebracht, aber kaum als solche erkannt.

Auf dieser Stufe kann der Klient noch wenig wahrnehmen bzw. sich nur wenig der Wahrnehmung bewusst werden, dass ihn der Therapeut empathisch versteht und als Person respektiert und anerkennt.

3. Stufe des Prozess-Kontinuums

Auf der dritten Stufe

- wird im Vergleich zur zweiten freier und flüssiger über das Selbst als ein Objekt gesprochen. Zum Beispiel: »Ich strenge mich sehr an, nett und freundlich, intelligent und gesprächig zu sein, weil ich möchte, dass sie mich mag.« Es werden Selbsterfahrungen mitgeteilt oder es wird über das Ergebnis von Selbstreflexion gesprochen. Frühere Gefühle und persönliche Meinungen werden zum Ausdruck gebracht oder beschrieben, aber nicht das, was jetzt gefühlt oder gemeint wird.
- Gefühle werden eher abgelehnt. Meistens werden sie als etwas zugegeben, dessen man sich schämt – als schlecht oder nicht normal oder auf eine andere Art und Weise unakzeptabel.
- Gefühle zeigen sich und werden dann auch manchmal als Gefühle erkannt.
- Erfahrung wird als etwas beschrieben, das war, oder als etwas, das weit weg vom Selbst ist.
- Die persönlichen Konstrukte sind rigide, können aber als Konstrukte erkannt werden und werden nicht mit äußeren Fakten verwechselt.
- Gefühle und Meinungen werden etwas differenzierter, etwas schärfer voneinander unterschieden und weniger global als auf den Stufen davor gesehen.
- Widersprüche in der Erfahrung werden erkannt.
- Persönliche Entscheidungen werden oft als wirkungslos erlebt.

Viele Menschen, die psychologische Hilfe in Anspruch nehmen, erleben so, wie auf Stufe drei beschrieben. Und sie bleiben ziemlich lange bei dieser Art des Erfahrens: Sie beschreiben vergangene Gefühle und explorieren sich selbst wie ein Objekt.

Wenn sie fühlen, dass sie verstanden werden und als die, die sie sind, angenommen werden, dann lösen sich ihre Konstrukte – z. B. Schemata, mit denen der Erfahrung begegnet wird – allmählich auf und ihr Gefühlsleben wird lebendiger, ihre Gefühle fließen freier und weniger gehemmt.

4. Stufe des Prozess-Kontinuums

Auf der vierten Stufe

- beschreibt der Klient intensivere Gefühle, die zwar nicht jetzt in der Therapiestunde erlebt werden, aber Objekte in der Gegenwart sind,
- kommt es hin und wieder zum Ausdruck von Gefühlen, die jetzt erlebt werden. Manchmal sprudeln sie gegen den Willen des Klienten aus ihm heraus. Es zeigt sich eine Tendenz, Gefühle unmittelbar jetzt zu spüren. Der Klient erlebt das voller Misstrauen gegen sich selbst und mit Furcht,
- akzeptiert der Klient seine Gefühle nicht offen, aber manchmal zeigt sich, dass er sie akzeptiert,
- ist die Erfahrung weniger strukturgebunden, weniger weit weg. Manchmal wird sie erst mit einer gewissen Verzögerung gespürt. Die Art und Weise, in der Erfahrung konstruiert wird, ist aufgelockert. Manchmal werden persönliche Konstrukte gesehen und als solche erkannt, und der Klient beginnt, ihre Validität bzw. Gültigkeit zu hinterfragen,
- werden Gefühle, Konstrukte und persönliche Meinungen differenzierter. Die Bemühung um genaue Symbolisierungen nimmt zu,
- werden Widersprüche und Inkongruenzen zwischen Selbst und Erfahrung erkannt,
- gibt es Gefühle von Eigenverantwortlichkeit, wenn auch nicht durchgehend,
- werden enge Beziehungen immer noch als gefährlich erlebt, aber der Klient wagt es, sich gefühlsmäßig ein bisschen einzubringen.

Ein großer Teil des Erlebens in der Therapie ist so, wie auf dieser vierten Stufe beschrieben. Das gilt für alle Formen von Psychotherapie. Klienten erleben verschiedene Themen zur selben Zeit auf unterschiedlichen Stufen. Erleben auf Stufe zwei kann z. B. durchaus wieder auftauchen, wenn ein Teil des Erlebens schon so ist, wie auf Stufe vier beschrieben, und der größte Teil sich auf Stufe drei abspielt.

5. Stufe des Prozess-Kontinuums

Auf der fünften Stufe

- werden gegenwärtige Gefühle frei zum Ausdruck gebracht, auch solche in der Beziehung zum Therapeuten, die oft nicht leicht auszudrücken sind,
- ist der Klient sehr nahe daran, seine Gefühle voll und ganz zu erleben. Sie sprudeln empor oder sickern durch in aller Vollständigkeit und Unmittelbarkeit trotz aller Furcht und allem Misstrauen. Der Klient teilt sich auch mit, wenn Gefühle plötzlich versiegen oder er erlebt, dass er sich selbst im Erleben eines Gefühls unterbricht oder sich als in einer Erfahrung unterbrochen erlebt,
- beginnt der Klient zu realisieren, dass die Erfahrung eines Gefühls auf etwas hinweist, das vielleicht noch nicht ganz klar und greifbar ist, aber in ihm selbst liegt, auf eine organismische Erfahrung, die er zu symbolisieren und kognitiv zu erfassen versucht,
- werden angesichts der Gefühle, die emporsprudeln, Überraschung und Furcht erlebt, selten Freude,
- werden Gefühle zunehmend als die eigenen erlebt. Das gilt auch für den Wunsch, sie – die Gefühle – zu sein, statt sie zu haben, das wahre Ich zu sein,
- ist das Erfahren aufgelockert, nicht länger distanziert, und geschieht oft mit einer kleinen Verzögerung,
- ist die Art und Weise, in der Erfahrung konstruiert wird, sehr aufgelockert. Es gibt neue Entdeckungen von persönlichen Konstrukten als Konstrukte, und sie werden kritisch untersucht und infrage gestellt,
- gibt es eine starke und unübersehbare Tendenz zur Genauigkeit in der Differenzierung von Gefühlen und Meinungen,
- werden Widersprüche und Inkongruenzen zunehmend klar erkannt,
- wird die eigene Verantwortung für die Probleme, die erkannt werden, und für ihre Entstehung zunehmend akzeptiert. Die innere Kommunikation wird besser und freier von Blockaden.

Vor allem wenn Erfahrungen gemacht werden, die in scharfem Widerspruch zum Selbstkonzept stehen, kann der Prozess des Erlebens, der sich im Allgemeinen schon auf dieser Stufe fünf abspielt, wieder so blockiert und distanziert sein, wie auf den unteren Stufen beschrieben und zu Beginn einer Psychotherapie üblich. Und die Entwicklung von Stufe drei zu Stufe fünf geschieht nicht in Minuten oder Stunden. Sie benötigt Monate bis Jahre.

6. Stufe des Prozess-Kontinuums

Die Beschreibungen des Erlebens auf der Stufe sechs kennzeichnen eine besondere und oft dramatische Entwicklungsphase im therapeutischen Prozess.

- Gefühle, die bisher wie steckengeblieben waren, gehemmt in ihrer Prozessqualität, werden nun unmittelbar jetzt erfahren: »A feeling flows to its full result« (Rogers 1961a, S. 145). Eine gegenwärtige emotionale Erfahrung wird direkt und unmittelbar und in ihrem gesamten Gehalt erlebt. Sowohl diese Unmittelbarkeit des Erlebens als auch das Gefühl, das seinen Inhalt ausmacht, werden akzeptiert als etwas, das ist, und nicht mehr als etwas, das verneint oder gefürchtet wird, gegen das angekämpft wird. Der Klient lebt subjektiv in seiner Erfahrung, empfindet nicht etwas über sie.
- Das Selbst als Objekt verschwindet so. Die Selbsterfahrung ist die Erfahrung. Die Erfahrung hat auf dieser Stufe wirklich Prozessqualität, d. h. das Fließen des Gefühls wird gespürt, bzw. die Person fühlt sich im Strom ihres Erlebens.
- Das Erleben ist verbunden mit einer physiologischen Auflockerung – z. B. Tränen in den Augen, Seufzern, Muskelentspannung.
- Die innere Kommunikation ist frei und relativ unblockiert. Es wird lebhaft empfunden, wie die Inkongruenz zwischen der Erfahrung und dem Bewusstsein verschwindet. Das persönliche Konstrukt löst sich im Moment der Erfahrung auf und der Klient fühlt sich losgelöst aus seinem ihm bisher Halt gebenden Rahmen.
- Der Moment des vollständigen Erlebens wird zu einem klaren und definierten Bezugspunkt im Strom des Erlebens.
- Die Differenzierung im Erleben ist scharf und grundsätzlich.

- Auf dieser Stufe gibt es keine inneren und äußeren Probleme mehr. Der Klient lebt bzw. erlebt jeweils einen Teil seines Problems. Das Problem ist kein Objekt mehr.

7. Stufe des Prozess-Kontinuums

In den Erfahrungen, die wie auf der Stufe sechs beschrieben ins Bewusstsein treten, akzeptiert sich der Klient selbst und ist insofern nicht mehr davon abhängig, dass ihm ein Therapeut empathisch verstehend und unbedingt wertschätzend zur Seite steht. Der Übergang des Erlebens in die siebte und höchste Stufe auf der Skala der Prozessqualität wird auch zum Teil außerhalb der Therapiesitzungen erlebt. Klienten berichten dem Therapeuten davon, oft erst in katamnestischen Gesprächen.

- Neue Gefühle werden unmittelbar und facettenreich erfahren, sowohl innerhalb der Beziehung zum Therapeuten als auch außerhalb. Es ist möglich, sich diesem gefühlsmäßigen Erleben direkt zuzuwenden. Der Klient tut das auch, um klarer und differenzierter herauszufinden, wer er ist, was er will und was er meint, auch wenn es sich um unangenehme und erschreckende Gefühle handelt.
- Diese wechselnden Gefühle werden immer mehr und immer ausnahmsloser als die eigenen betrachtet.
- Das Vertrauen in den eigenen Prozess des Erlebens wächst, und zwar nicht so sehr das Vertrauen in die bewussten Erfahrungen als vielmehr das Vertrauen in den organismischen Prozess des Erlebens.
- Die Bedeutung von Erfahrung wird fast ohne Rückgriff auf die Konstrukte, die in der Vergangenheit entstanden sind, beurteilt. Die Situation wird erfahren und als eine neue interpretiert, nicht in Bezug auf die Vergangenheit.
- Selbsterfahrung ist zunehmend einfach das subjektive und reflexive Gewahrwerden der Erfahrung. Das Selbst wird immer seltener als ein Objekt wahrgenommen und immer häufiger als Selbstvertrauen erlebt – als Vertrauen in den eigenen Prozess des Erfahrens, Erlebens und Fühlens.
- Es werden vorsichtig neue Konstrukte formuliert und an neuen Erfahrungen überprüft. Sie bleiben aber locker, auch wenn sie bestätigt werden.

- Die innere Kommunikation ist klar, Erfahrungen und ihre Symbolisierungen entsprechen einander, und es gibt neue Bezeichnungen für neue Gefühle. Es wird auch tatsächlich erfahren, dass man neu oder anders ist.

Personen, die erleben wie auf Stufe sieben des Prozesskontinuums beschrieben, trifft man selten als Klienten an. Sie tragen die Bedingungen für den therapeutischen Prozess in sich: Es gelingt ihnen, sie selbst zu sein. Sie respektieren sich und haben Selbstvertrauen. Und sie können sich ihrer Erfahrung bewusst werden und erleben, dass sie angemessen auf sie reagieren.

Es wird also von Stufe zu Stufe der Prozessskala deutlicher, dass in der Entwicklung des Klienten in einer Gesprächspsychotherapie die Gefühle immer mehr in den Vordergrund treten. Sie erweisen sich zunehmend als die persönliche Bewertung der Erfahrung. Der Klient achtet zunehmend darauf, was ihm seine Gefühle darüber sagen und welche Bedeutung seine Erfahrungen für seine Aktualisierung haben: Ob sie Erfahrungen der Selbsterhaltung und Selbstentwicklung sind oder solche der Bedrohung und Behinderung. Er kann das an seinen Gefühlen erkennen: Eine erfreuliche oder interessante Erfahrung fühlt sich anders an als eine schmerzliche oder eine, die wütend macht und Protest hervorruft.

Zusammen mit dem zunehmenden Bewusstwerden des Fühlens wird auch zunehmend bewusst, dass man selbst fühlt, dass die Gefühle etwas Eigenes sind – ebenso wie die Probleme, die sie machen oder bedeuten – und dass sie also in den eigenen Verantwortungsbereich gehören und nur dort gelöst werden können.

Mit dieser Einsicht nimmt die Scheu vor Kontakten mit anderen Menschen und die Angst vor deren Be- und Verurteilungen ab.

Basierend auf den Arbeiten von Gendlin sind im Rahmen des Klientenzentrierten Konzepts das Focusing und andere prozessdirektive Therapieansätze entwickelt worden (z. B. Gendlin und Wiltschko 2007), in die – z. B. von Greenberg und Mitarbeitern – auch gestalttherapeutische Interventionen integriert worden sind (Greenberg et al. 1994; 2014). Sie beschreiben Möglichkeiten und beinhalten auch Techniken, den Klienten bei der Entwicklung seines persönlichen Prozesses – der Bewusstwerdung, des Fühlens und Ausdrückens von Erfahrung und ihrer Integration in das persönliche Erleben – zu unterstützen. Sie erfreuen sich u. a. deswegen großer Beliebtheit, weil sie den Therapeuten zumindest vorübergehend aus der oft nicht leicht zu ertragenden Passivität befreien. Alle prozessdirektiven Therapeuten und Theoretiker betonen aber, dass sie mit ihren Techniken niemals den Rahmen der gesprächspsychotherapeutischen Beziehung sprengen.

5.2 Von der Intervention zur therapeutischen Beziehung im Klientenzentrierten Konzept

In seinem ersten grundlegenden, 1942 erschienenen Buch »Counseling and Psychotherapy« schreibt Rogers als Einleitung zu Kapitel 4:

> »Nicht selten bleibt wohlgemeinte Beratung (bzw. Psychotherapie) ohne Erfolg, weil nie eine befriedigende therapeutische Beziehung zustande gekommen ist. Berater und Therapeuten haben häufig gar keine klare Vorstellung von der Beziehung, die existieren sollte, und ihre therapeutischen Bemühungen bleiben deshalb, was Richtung und Ergebnis anbelangt, unklar und unzuverlässig. Es wäre daher zweifellos an der Zeit, daß der subtilen Wechselbeziehung, die zwischen Therapeut und Klient, zwischen Berater und Beratenem entsteht, gründlichere Aufmerksamkeit geschenkt wird« (Rogers 1942, dtsch. 1972a, S. 83).

Zehn Jahre später schreibt Rogers in seinem zweiten grundlegenden Buch »Client-centered Therapy« (Rogers 1951; dtsch. 1972b):

> »Im Laufe unserer Erfahrung ist es zunehmend deutlicher geworden, daß die Wahrscheinlichkeit therapeutischen Fortschritts in einem bestimmten Fall weder von der Persönlichkeit des Beraters (Therapeuten) noch von seinen Techniken und nicht einmal von seinen Einstellungen abhängt, sondern vorwiegend von der Art, wie der Klient in der Beziehung all diese Dinge erfährt« (dtsch. 1972b, S. 73).

Diese Annahme über die Bedeutung der therapeutischen Beziehung – wie auch andere Annahmen zum psychotherapeutischen Prozess – versuchte Rogers wissenschaftlich zu überprüfen. Ein wichtiges Ergebnis dieser Bemühungen ist eine für die Therapieforschung wegweisende empirische Therapiestudie, die er 1954 zusammen mit Rosalind Dymond veröffentlichte (Rogers und Dymond 1954). Eine Zusammenfassung seiner Forschungsergebnisse und die sich daraus ergebenden Folgerungen bezüglich der Wirksamkeit von Psychotherapie veröffentlichte er drei Jahre später in dem berühmt gewordenen Aufsatz »The necessary and sufficient conditions of therapeutic personality changes«. In diesem Aufsatz (Rogers 1957) stellt er die therapeutische Beziehung als das zentrale Agens einer Psychotherapie heraus. Diese These hat unter Psychotherapeuten und Psychotherapieforschern sowohl Zustimmung als auch heftigsten Widerspruch ausgelöst, auf den wir noch eingehen werden.

In der Folge hat weitere Forschung Rogers' Auffassung verfestigen können, und er bringt sie als Definition der Klientenzentrierten Psychotherapie in einem Psychiatrielehrbuch zum Ausdruck. Er definiert den Klientenzentrierten Ansatz als ein psychotherapeutisches Verfahren, dessen Wirksamkeit auf der Art der Beziehung zwischen Therapeut und Klient beruht, die dem Klienten Veränderung und Wachstum ermöglicht:

»Die klientenzentrierte Orientierung ist eine sich ständig weiterentwickelnde *Form der zwischenmenschlichen Beziehung*, die Wachstum und Veränderung fördert.

Sie geht von folgender Grundhypothese aus:

Jedem Menschen ist ein Wachstumspotential zu eigen, das *in der Beziehung* zu einer Einzelperson (etwa einem Therapeuten) freigesetzt werden kann. Voraussetzung ist, daß diese Person ihr eigenes reales Sein, emotionale Zuwendung und ein höchst sensibles, nicht urteilendes Verstehen in sich selbst erfährt, zugleich aber dem Klienten mitteilt.

Das Einzigartige dieses therapeutischen Ansatzes besteht darin,

- daß sein Schwerpunkt mehr auf dem *Prozeß der Beziehung selbst* als auf den Symptomen oder ihrer Behandlung liegt;
- daß seine Hypothesen sich auf Material stützen, das aus therapeutischen und anderen zwischenmenschlichen Beziehungen gewonnen wurde, insbesondere auf Tonband- und Filmaufzeichnungen von Interviews, und
- daß diese Hypothesen der Überprüfung durch geeignete Untersuchungsmittel grundsätzlich offenstehen«

(Rogers 1975; zit. nach Rogers 1983, S. 17; kursive Hervorhebungen durch die Autoren).

5.2.1 Einwände gegen den Paradigmenwechsel

Diese von Rogers auf der Grundlage von empirischen Forschungsergebnissen vorgenommene Verlagerung des Behandlungsfokus vom Konzept der veränderungbewirkenden Intervention hin zu einer therapeutischen Beziehung, die Veränderungen bewirkt, wurde zunächst von psychoanalytisch und verhaltenstherapeutisch orientierten Psychotherapeuten und Psychotherapieforschern entweder vehement als falsch zurückgewiesen oder ignoriert.

Aus Sicht der Verhaltenstherapie wurde und wird z. B. wie folgt argumentiert:

»Unter ›hinreichender Bedingung‹ ist zu verstehen, dass allein die Realisierung dieser Variablen (gemeint sind Empathie, Bedingungsfreie Positive Beachtung und Kongruenz) bereits für die therapeutische Veränderung ausreichend sein soll. [...] Die genannten Variablen werden zwar weiterhin als wichtige Bedingungen für die Therapie angesehen, müssen jedoch, je nach Patient und Störungsbild um ein spezifisches Interventionsrepertoire ergänzt werden« (Wittchen u. Hoyer, 2006, S. 401).

Aus Sicht der Psychoanalyse kommt der Psychosomatiker und Psychoanalytiker A.-E. Meyer zu der Auffassung:

»Ich halte die personzentrierte Therapie (= Gesprächspsychotherapie) (...) für eine *Fokal-Therapie* mit invariatem (d. h. für alle Klienten oder Patienten identischen) Focus, welcher implicite lautet: *Erkenne Deine Gefühle und drücke sie aus und akzeptiere Dich selbst. Dies ist das Entscheidende, das, was Du brauchst, um leben zu können*« (Meyer 1993, S. 5).

Aus Sicht der Psychiater, die ja als Fachärzte für Psychiatrie und Psychotherapie auch ausgebildete Psychotherapeuten sind, besteht der Kern des gesprächspsychotherapeutischen Handelns in dem verbreiteten Lehrbuch von Tölle und Windgassen (2014) in folgenden verbalen Interventionen:

»Der Therapeut wiederholt das, was der Patient über sein Erleben und Verhalten sagt, möglichst genau, präzisiert es durch sprachliche Verdeutlichungen, ohne aber Interventionen in Form von Deutungen zu machen« (Tölle und Windgassen 2014, S. 340).

»Unbedingte emotionale positive Zuwendung«, »Annahme des Patienten«, »Echtheit« und »empathisches Verstehen« werden als »wichtige Elemente der therapeutischen Einstellung« (a.a.O., S. 340) bezeichnet.

Wir gehen auf diese Zitate nicht näher ein. Sie sollen das von Ablehnung und Desinteresse gekennzeichnete Stimmungsbild vermitteln.

Der Vollständigkeit halber ist zu erwähnen, dass auch führende Gesprächspsychotherapeuten in Deutschland versucht haben, dem Einfluss der therapeutischen Beziehung bei der Wirksamkeit der Behandlung weniger Bedeutung zuzumessen als den von außen angeleiteten Lernvorgängen, wie dem »verbalen Konditionieren« (Tausch 1968, S. 33–43).

Wie kommt es, dass das von Rogers herausgestellte zentrale therapeutische Agens, die Beziehung zwischen Patient und Therapeut, in den oben erwähnten Fremddarstellungen der Gesprächspsychotherapie nicht die Rolle spielt, die ihr von Rogers zugewiesen und empirisch belegt worden ist?

Wir vermuten sowohl traditionsbedingte als auch psychologische Ursachen. Die aus der Psychoanalyse Freuds hervorgegangene Psychotherapie hat ihre Ursprünge im medizinischen Paradigma, in dem Krankheitsursachen nach dem Kausalitätsprinzip durch gezielte Interventionen behoben werden. Die Wahl der Art der Intervention, ihr Zeitpunkt und ihre Dosierung liegen in den Händen des Therapeuten. Er hat in dieser Hinsicht die Regie. Diese Vorstellung beherrscht auch die Verhaltenstherapie.

Wenn nun Rogers die Beziehung an die Stelle der gezielten Intervention setzt, dann kommt das einer »Entmachtung« des Therapeuten gleich: Ob sein therapeutisches Beziehungsangebot vom Patienten angenommen wird oder nicht, entscheidet sich im Patienten bzw. in der Interaktion mit ihm. Für viele Therapeuten bedeutet das einen Verlust an Selbstwirksamkeitserwartung (SWE) und für nicht wenige Therapeuten eine Kränkung.

Der Psychoanalytiker, Psychotherapieforscher und Romancier Irvin Yalom hat den von Rogers beschriebenen Sachstand wie folgt zusammengefasst:

»Jede Untersuchung der Natur der therapeutischen Beziehung führt früher oder später zu dem Diktum von Carl Rogers: Es ist die Beziehung, die heilt. Diese Vorstellung, das vielleicht grundlegendste Axiom der Psychotherapie – und Axiom ist durchaus kein zu starker Begriff – postuliert, daß die mutative Kraft, die den Prozeß der persönlichen Veränderung bestimmt, auf der Art der Beziehung zwischen Patienten und Therapeut beruht.

Andere Überlegungen sind dem gegenüber durchaus zweitrangig, beispielsweise die ideologische Schule, die der Therapeut vertritt, der tatsächliche Inhalt der Stunde oder die verwendeten Techniken, etwa die freie Assoziation, die Rekonstruktion der Kindheit oder das Psychodrama«
(Yalom 2003, S. 237–238).

5.2.2 Der Aufstieg der therapeutischen Beziehung zu einem bedeutsamen Wirkfaktor

In der 1994 erschienenen 4. Auflage des »Handbook of Psychotherapy and Behavior Change« wird der therapeutischen Beziehung auf der Grundlage von mehr als 1000 empirischen Studien der vergleichsweise stärkste Einfluss auf das Therapieergebnis zugeschrieben:

»The strongest evidence linking process to outcome concerns the therapeutic bond or alliance, reflecting more than 1000 process-outcome findings«, wobei sich die stärksten Zusammenhänge ergeben, wenn die Therapeutische Beziehung vom Patienten beurteilt wird (Orlinsky et al. 1994, S. 360).

Dieser Handbuchbeitrag hat nach unseren Beobachtungen dazu geführt, dass die therapeutische Beziehung in allen Therapieverfahren inzwischen in sehr viel stärkerem Maße als früher Beachtung gefunden hat und zum Gegenstand von Forschungsfragestellungen wurde.

Den derzeitigen Stand des Wissens über den Einfluss der therapeutischen Beziehung auf das Therapieergebnis gibt Abbildung 1 wieder: Die therapeutische Beziehung hat weiterhin den größten Anteil an der erklärbaren Veränderungsvarianz bei psychotherapeutischen Behandlungen. Ihr Anteil ist größer als der Anteil der eingesetzten therapeutischen Behandlungsmethode bzw. Technik.

5 Kernelemente der Therapie

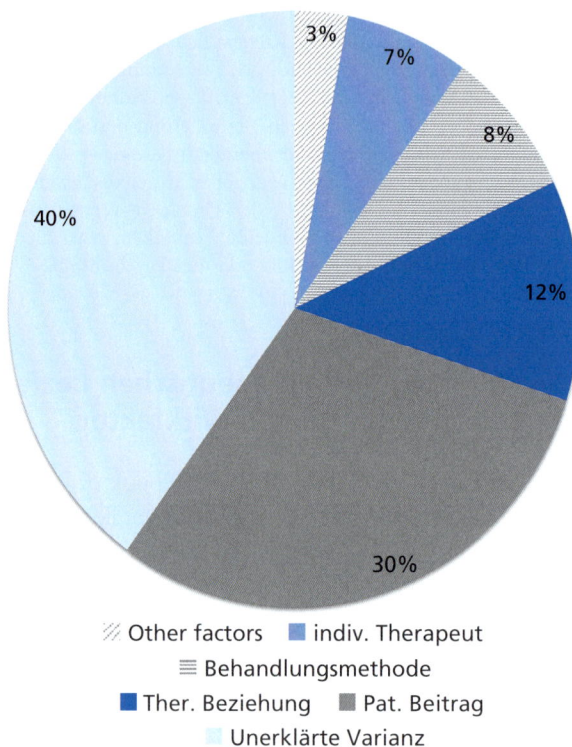

Abb. 1: Wodurch werden in der Psychotherapie Veränderungen bewirkt? Ergebnisse einer empirischen Metaanalyse (Norcross und Lambert 2011)

Die Bedeutung, die der therapeutischen Beziehung heute zugesprochen wird, spiegelt sich auch in den Publikationen wider, die sich ihr widmen. Im deutschsprachigen Raum stammt der umfangreichste Beitrag zu diesem Thema von Hermer und Röhrle (2008), die ein zweibändiges »Handbuch der therapeutischen Beziehung« veröffentlicht haben. Die Lektüre dieses Handbuches verdeutlicht aber auch, wie unterschiedlich die Auffassungen darüber sind, was eine hilfreiche therapeutische Beziehung ist.

5.2.3 Der Einfluss des theoretischen Kontextes auf die therapeutische Beziehung und ihre Wirksamkeit

In einer schon älteren Studie wird die Wirksamkeit von Gesprächspsychotherapie zur Behandlung von schweren Phobien mit der von Verhaltenstherapie (»Breitbandverhaltenstherapie«) verglichen (Grawe 1976; Plog 1976; ▶ Kap. 10.3.1). Beide Therapieverfahren führen zu einem Rückgang der phobischen Symptomatik in signifikantem und vergleichbarem Ausmaß. In dieser Hinsicht ist diese Vergleichsstudie ein deutscher Beleg für die Gültigkeit des ein Jahr zuvor von Luborsky et al. (1975) postulierten »Dodo-Bird-Verdikts«, dass sich die Therapieverfahren in ihrer Wirksamkeit nicht bedeutsam unterscheiden. Ein Unterschied ergibt sich jedoch bei der Bewertung des globalen Therapieerfolges durch die Patienten: Verhaltenstherapeutisch (VT) behandelte Patienten schätzen die Behandlung als umso erfolgreicher ein, je stärker sich die phobische Symptomatik verändert; diesen Zusammenhang gibt es in der Gruppe der gesprächspsychotherapeutisch (GPT) behandelten Patienten nicht. Auf der anderen Seite schätzen gesprächspsychotherapeutisch behandelte Phobiker ihren Therapieerfolg umso positiver ein, je höher das Ausmaß an Empathie der Therapeuten eingeschätzt worden war. Dieser Zusammenhang bestand in der Gruppe der VT-Patienten nicht, obwohl die Merkmale der therapeutischen Beziehung der VT-Therapeuten im Mittel gleich stark ausgeprägt waren wie die der GPT-Therapeuten.

Dieses Ergebnis ist einer der frühen empirischen Befunde, die belegen, dass die Wirksamkeit therapeutischer Beziehungsmerkmale kontextabhängig ist – eine Erkenntnis, die mit vielen überzeugenden Belegen auch vom Psychoanalytiker und Psychotherapieforscher Wampold (2001, Wampold und Imel 2015) vertreten wird. Ausschlaggebend für diese Kontextabhängigkeit sind die Unterschiede in den Menschenbildern, die den verschiedenen Therapieansätzen jeweils zugrunde liegen. Wie bereits ausgeführt (▶ Kap. 5.1), sieht Rogers in der Aktualisierungstendenz den wichtigsten Motor für die menschliche Entwicklung. Sie besagt, dass der menschliche Organismus aus sich selbst heraus danach strebt, sich zu entwickeln und zu entfalten (Rogers 1959). Der Gesprächspsychotherapeut vertraut auf diese Entwicklungstendenzen und sieht seine therapeutische Aufgabe darin, die Bedingungen für die Entwicklung herzustellen. Die Bedingungen liegen vor, wenn sich im therapeutischen Kontakt das gesprächspsychotherapeutische Beziehungsangebot einstellt und vom Patienten auch angenommen werden kann. Der Patient kann sich dann seinen Inkongruenzen zuwenden und gemeinsam mit dem Therapeuten deren Ursachen nachspüren.

Sowohl im psychoanalytischen als auch im verhaltenstherapeutischen Paradigma wird davon ausgegangen, dass ein Mensch zur Überwindung seiner psychischen Störungen gezielte therapeutische Interventionen braucht, z. B. in der Verhaltenstherapie Anleitungen zum Neu- und Um- bzw. Verlernen dysfunktionaler Verhaltensweisen und Symptome oder in der psychoanalytischen Therapie Hilfe, z. B. in Form von Deutungen zur Aufdeckung und Durcharbeitung unbewusster Konflikte.

Wie bereits erwähnt (▶ Kap. 5.1.2), werden der therapeutischen Beziehung in den verschiedenen Paradigmen unterschiedliche Funktionen zugewiesen. Während sie in der Gesprächspsychotherapie das entscheidende therapeutische Agens ist, dient sie in der VT der Förderung der Compliance des Patienten und in der Psychoanalyse (PA) der Herstellung günstiger Übertragungs- und Arbeitsbedingungen.

So erklärt sich auch, dass sich Therapeuten unterschiedlicher Orientierung nicht unbedingt im Ausmaß der Ausprägung der Merkmale der therapeutischen Beziehung unterscheiden, wohl aber darin, wie diese wirken. Es gilt also auch für Psychotherapeuten: Wenn zwei das Gleiche tun, dann ist das noch nicht Dasselbe.

6 Klinisches Fallbeispiel

In diesem Kapitel werden die therapeutischen Gespräche mit der Klientin Frau M. vorgestellt. Zunächst wird jeweils beschrieben, was Frau M. mitteilt. In einem nächsten Schritt wird dargestellt, wie die Therapeutin Frau M. antwortet.

Es wird – bei Gelegenheit – darauf hingewiesen, auf welcher Stufe des Prozesskontinuums von Rogers (▶ Kap. 5.1.2) die Äußerungen der Klientin, von außen betrachtet, einzuordnen wären. Dabei soll nicht der Eindruck entstehen, als nähme die Therapeutin solche Einordnungen vor. Vielmehr soll deutlich werden, dass die Therapeutin, wenn sie der Klientin mitteilt, dass sie diese empathisch versteht, nicht nur deren Erfahrungen anspricht, sondern auch, was diese für die Klientin bedeuten und wie die Klientin dieser Bedeutung entsprechend mit ihnen umgeht.

Es wird auch auf die Entwicklung des Prozesses des Erlebens, wie Swildens (1991) sie beschrieben hat, eingegangen.

Swildens unterscheidet im Therapieverlauf nacheinander eine

- *Prämotivationsphase*, in der es darum geht, dass der Klient die Therapie und den Therapeuten kennenlernt, von einer
- *Symptomphase*, in der sich der Klient bezüglich seiner Erkrankung mitteilt und auch als Kranker angenommen wird, danach eine
- *Konflikt-/Problemphase*, vor einer
- *Existentiellen Phase* und der
- *Abschlussphase*.

Es wird bei der Darstellung dieser Therapiegespräche auch darauf eingegangen, wie sich dem Gesprächspsychotherapeuten die Entwicklung von Inkongruenzen im Erleben darstellt sowie die Entwicklung einer akuten bzw. sekundären Inkongruenz auf der Grundlage einer schon in der frühen Kindheit begonnenen Verteidigung gegen bestimmte Gefühle, in denen die Person nicht empathisch verstanden und angenommen worden ist, mit der Folge einer primären Inkongruenz.

> *Die 40-jährige Studienrätin für Sport und Mathematik, Mutter von zwei Kindern, wird von einer Gynäkologin überwiesen. Die Patientin hatte sich bei dieser mit der Frage vorgestellt, ob sie in die Wechseljahre gekommen sei.*
>
> *Die Patientin sagt, sie sei depressiv und könne zugleich nicht abschalten. Sie schlafe sehr schlecht. Am Morgen sei ihr übel. Erst am Nachmittag gehe es ihr etwas besser. Die Übelkeit sei mit Magenschmerzen verbunden, sie habe Bauchweh und leide unter Schweißausbrüchen.*
>
> *In der Schule könne sie sich nicht durchsetzen. Die Schüler seien disziplinlos. Sie müsse sich immer wieder vorstellen, dass sich die Schüler prügeln und dabei gegenseitig verletzen und auch sie selbst dieser Aggression hilflos ausgeliefert sei.*
>
> *Zu Hause hänge sie erschöpft und lustlos herum. Sie lasse sich gehen. Sie fühle sich für alles, was ihre Kinder betrifft, übertrieben verantwortlich, werde dieser Verantwortung aber in keiner Weise gerecht. Dazu sei sie zu kraftlos.*

Die Patientin berichtet bedrückt – aber beherrscht – von ihren Leiden, stellt ihre körperlichen Beschwerden sachlich dar. Sie versucht Erklärungen für ihr Erleben – Depression und Wechseljahre – zu finden, die nichts mit ihr persönlich zu tun haben.

Auch ihre sehr konkreten Vorstellungen von aggressiven Handlungen ihrer Schüler sind für sie weniger etwas in ihrem Inneren, sondern vielmehr eine Bedrohung von außen.

Den Kontakt zur Therapeutin gestaltet sie sachlich. Sie brauche Hilfe. Der Gedanke, dass diese darin liegen könnte, dass sie sich selbst verändert, scheint ihr fern zu liegen.

Die Therapeutin fühlt sich in die Klientin ein und spürt deren Ohnmachtsgefühle. Sie spricht auch an, dass sich die Klientin als von außen bedroht erlebe, wie von außen angegriffen, ihren körperlichen Beschwerden und Empfindungen wehrlos ausgeliefert.

> *Die Klientin fühlt sich verstanden: Sie fühle sich wie in ein tiefes Loch gefallen, aus dem sie alleine nicht herauskommen könne.*

In der Therapeutin entsteht das Bild, bei dem Versuch, die Patientin aus einem engen Loch herauszuziehen, selbst in dieses hineingezogen zu werden und die Patientin dadurch möglicherweise zu erdrücken. Sie behält das für sich und denkt, dass das Bild vielleicht ein Hinweis darauf ist, dass sie wahrgenommen hat, dass die Klientin Angst hat, sich einer anderen Person bezüglich des eigenen Erlebens mitzuteilen.

> *In den nächsten Stunden berichtet die Klientin, die Vorstellungen, dass die Schüler sich prügeln, hätten begonnen, als sie an eine andere Schule ausgeliehen worden sei, an der dringend eine Lehrkraft für das Fach Mathematik benötigt wurde. Es habe ihrem ohnehin schwachen Selbstbewusstsein sehr geschadet, dass sie offenbar an ihrer Schule so unwichtig war, dass sie abgeschoben werden konnte.*
>
> *Sie hätte aber auch pädagogisch zu wenig gelernt, um sich den Schülern gewachsen fühlen zu können. Sie hätte immer schon Angst gehabt, pädagogisch zu versagen oder Fehler zu machen. Im Sportunterricht falle es ihr weniger schwer, die Disziplin in der Klasse aufrechtzuerhalten. Aber an der neuen Schule unterrichte sie nur Mathematik.*
>
> *Sie hätte sich von ihrem Schulleiter bei dieser Versetzung im Stich gelassen gefühlt.*

Die Therapeutin spricht alle emotionalen Erlebnisinhalte an, von denen die Klientin berichtet:

- Dass sie einen Verlust an Selbstbewusstsein erlitten habe,
- das bei ihr ohnehin schwach ausgeprägt sei,

- dass sie sich als abgeschoben und damit abgewertet erlebt habe,
- dass sie zugleich die Schuld für all das bei sich selbst suche,
- in ihren eigenen Unzulänglichkeiten,
- die sie als etwas Bedrohliches, fast wie eine Bedrohung aus der Außenwelt, außerhalb ihrer Person, erlebe.

Die Therapeutin bemüht sich bei ihren Formulierungen darum, die Klientin nicht nur wissen zu lassen, dass sie sich in ihr Erleben einfühlen und die Klientin verstehen kann. Sie teilt der Klientin auch mit, dass sie wahrnimmt, dass die Klientin von ihren Erfahrungen als etwas Vergangenes spricht, das zugleich statisch ist: »*Ich habe ohnehin ein schwaches Selbstbewusstsein.*« Die Therapeutin benutzt Formulierungen wie: »Damals haben Sie ...«, » Sie haben sich immer schon als ... erlebt«.

Als die Therapeutin aufgreift, dass die Klientin die Schuld für ihr Ohnmachtserleben bei sich selbst suche, sagt die Klientin, dass sie sich vom Schulleiter im Stich gelassen gefühlt habe. Dieses Gefühl hat sie auch in dem Moment, in dem sie das sagt.

Die Therapeutin spricht das an.

In den folgenden Stunden spricht die Klientin mehr über ihre Beziehungen zu anderen Menschen, wie sie früher waren und zunehmend auch davon, wie sie heute sind.

Ihr Arbeitsplatz sei nicht mehr der, der er mal gewesen sei. Sie müsse sich wohl einen neuen suchen. Sie habe sich von vielen Schülern trennen müssen, zu denen sie ein gutes Verhältnis hatte aufbauen können. Mit dem sehr großen Lehrerkollegium hätte sie sich noch nie wohlgefühlt. Einige Kollegen hätte sie auch nach einem Jahr noch nicht gekannt. Als sie nach der Babypause zurückgekehrt war, hätte sie sich sehr verunsichert gefühlt. Es sei ihr dann eingeräumt worden, nur Sport zu unterrichten. Dabei fühle sie sich ja besser. Aber nun, an der neuen Schule, gebe sie nur Mathematikunterricht. Sie hätte sich zwar nie gut durchsetzen können, aber nun, mit dieser Versetzung, habe ihr Selbstbewusstsein einen richtigen Knacks bekommen. Es sei für sie sehr beschämend, dass sie all dem so wenig

> *gewachsen sei, und sie könne deswegen auch nicht gut darüber reden.*

Die Therapeutin greift auf, dass es der Klientin schwerfällt, Kontakte aufzunehmen, speziell sich sichtbar zu machen und sich durchzusetzen, und dass sie sich das selbst als Unfähigkeit anlastet, sich dessen schämt und es lieber für sich behält.
Und sie spricht an, dass die Klientin unter Trennungen leidet.

> *Wie nebenbei erwähnt die Klientin in der nächsten Stunde: Ihren Mann könne sie nicht mit ihren Problemen belasten. Der sei vor zwei Jahren zum ersten Mal am Herzen operiert worden. Vor einem Jahr sei die zweite Operation erforderlich gewesen. Er sei schon vor der ersten Operation immer kurzatmig gewesen und hätte einen zu hohen Blutdruck gehabt. Ihre Mutter, die selbst im Alter der Patientin Witwe geworden wäre, hätte ihnen in der schweren Zeit geholfen. Aber vor den Eltern des Ehemannes hätte die bevorstehende Operation des Sohnes verheimlicht werden müssen, um deren bevorstehende Feier der Goldenen Hochzeit nicht zu gefährden. »Ich musste lügen!«*

Die Therapeutin greift vorsichtig auf, dass die Klientin ja offenbar nicht nur unter Trennungen sehr leide, sondern ganz real von einer möglichen Trennung bedroht sei und in ihrer Kindheit eine sehr bedeutsame Trennung bzw. den Verlust einer wichtigen Person erlebt habe.
Die Therapeutin spürt den inneren Protest der Klientin, als diese berichtet, dass den Schwiegereltern nicht zugemutet werde, von der Gefahr, in der ihr Sohn schwebt, Kenntnis zu nehmen. Sie spricht an, dass es die Klientin auch wütend mache, wenn sie mit ihren Sorgen und Ängsten alleine fertig werden müsse, wenn sie im Stich gelassen werde.
Der Therapieprozess kommt nun – nach Swildens – langsam aus der Symptomphase – in der es um das depressive Erleben ging, das zu einem großen Teil in körperlichen Beschwerden Ausdruck fand und

wie eine Krankheit behandelt worden ist – in die Konflikt- oder Problemphase.

Der Umgang der Klientin mit ihrer Erfahrung entspricht nun immer mehr der dritten und höheren Stufen auf Rogers Prozessskala. Sie beginnt zwischen Gefühlen zu unterscheiden, die sie haben darf, und solchen, deren sie sich schämt oder die sie sich verbietet. Und hin und wieder hat sie auch Gefühle in der Therapiesituation und spricht nicht nur von Gefühlen in der Vergangenheit.

> *Die Klientin sagt, wenn sie mit ihrer Mutter Kontakt habe, sei es, als schaue sie in einen Spiegel. Die Mutter fühle sich auch immer für alles verantwortlich, meine sich um alles kümmern zu müssen, mische sich in alles ein. Dabei könne sie nicht einmal zuhören, unterbreche die Klientin z. B. immer beim Telefonieren. Die Klientin fühle sich auch für alles verantwortlich, jedem verpflichtet, müsse für alle da sein, zu Hause genauso wie in der Schule. Sie könne sich nicht rausziehen, nicht abschalten, denke auch nachts noch im Kreis. Sie fühle sich sogar dafür verantwortlich, wie ihre Mutter zu ihr sei. Sie könne ihre Mutter offenbar nicht kontrollieren.*

Die Therapeutin spricht an, dass die Klientin sich vorwirft, dass sie ihre Mutter nicht kontrollieren könne, sich auch ihr gegenüber ohnmächtig fühle – so wie ihren Schülern gegenüber?

Die Therapeutin fragt, ob sie das richtig verstanden habe, dass die Klientin sich von ihrer Mutter vor allem wünsche, dass sie zuhört – und nicht, dass sie sich um alles Sorgen macht und kümmert, und dass sie genau diesen Wunsch ihrer Mutter nicht verständlich machen könne.

> *Die Klientin war 12 Jahre alt, als ihr Vater im Alter von 45 Jahren an Krebs verstarb. Nur der Mutter sei die Diagnose des Vaters schon zwei Jahre vor dessen Tod bekannt gewesen. Selbst der sterbende Vater habe nicht gewusst, dass er krebskrank war. Auch nach seinem Tod sei nicht darüber gesprochen worden. Der Tod des Vaters sei sozusagen untergegangen in den Sorgen des Lebens ohne ihn.*

Die Klientin gibt der Therapeutin diese Information ziemlich emotionslos. Dann klagt sie:

> *Sie habe sich immer selbst um alles kümmern müssen. Sie habe auch Probleme gehabt, von zu Hause auszuziehen, wo sie pflichtbewusst und zuverlässig gewesen sei und auf die jüngere Schwester aufgepasst habe. Ihre Mutter habe einen hohen Anspruch, sei sehr kritisch, habe selten gelobt. Heute müsse die Klientin auch immer für die Kinder da sein, in der Schule ebenso wie zu Hause. Sie könne sich nie »rausziehen«.*

Die Therapeutin spricht an, dass die Klientin sich immer sehr um die Aufmerksamkeit und Anerkennung der Mutter bemüht habe, die Mutter für die Gefühle der Klientin aber wenig Platz neben ihrem eigenen Erleben gehabt habe und z. B. die schmerzlichen Gefühle beim Sterben des Vaters und nach seinem Tod nicht mit der Klientin geteilt habe. Sie fragt sich, und damit die Klientin, ob es sein könne, dass die Klientin in der Folge den Versuch, vor allem bei Trennungsschmerz, verstanden zu werden, aufgegeben und sich bemüht habe, der Mutter dadurch zu gefallen, dass sie deren Aufgaben sehr ernst genommen und so weit wie möglich auch zu den ihren gemacht habe, und zwar so sehr, dass sie diese bald für die eigenen gehalten habe, was bis heute anhalte. Nun aber forderten wohl ihre Trennungsangst und ihr Erleben, im Stich gelassen zu werden und ihre Gefühle mit niemandem teilen zu können, ihren Raum und sie lehne sich innerlich auf bzw. erlebe bestimmte Verpflichtungsgefühle in sich wie Fremdkörper, die zudem sinnlos sind.

> *Die Klientin reagiert auf die Vermutung der Therapeutin, dass sie den Versuch, in ihren Emotionen verstanden zu werden, wohl früh aufgegeben hätte, mit der Mitteilung:*
> *Auf die Trennung von ihrem Freund im Alter von 18 Jahren habe sie depressiv reagiert, ähnlich wie auf den Tod des Vaters. Sie habe sich drei Monate lang wie tot gefühlt.*
> *Sie sei erst heute immer wieder traurig über den Tod des Vaters.*

> *Und die Klientin erinnert sich, im Alter von etwa zwei Jahren erstmals wegen einer Platzwunde am Kopf in der Kinderklinik stationär behandelt worden zu sein. Auch später sei sie nochmals – mehrmals? – zum Nähen einer Wunde in der Klinik gewesen. Sie meint, sich erinnern zu können, wie es war, wenn die Eltern sie nach einem Besuch in der Klinik allein zurückgelassen hatten. So wie damals fühle sie sich heute.*

Die Therapeutin unterstützt die Klientin darin, diese Traurigkeit und das Gefühl im Stich gelassen worden zu sein, genauer zu spüren und nicht in einem Gefühl, wie tot zu sein, zu verschwinden.

Je mehr die Klientin diese Gefühle wirklich leben kann – Rogers sprach davon, die eigenen Gefühle zu sein – sie nicht unterdrücken und sich ihretwegen verurteilen muss und darin von der Therapeutin empathisch begleitet wird, desto lebendiger wird die Klientin.

Zugleich wird sie zunehmend frei von der Verpflichtung, den Wertvorstellungen entsprechend zu leben und auch zu fühlen, die sie dadurch erworben hat, dass ihre wichtige Bezugsperson – offenbar ihre Mutter – sie sehr selektiv und nicht unbedingt in ihrem Erleben empathisch positiv beachtet hat.

> **Zusammenfassend ist zu bemerken:**
> Die Klientin ist vor allem bei Trennungen in ihren Gefühlen nicht wahrgenommen und dadurch doppelt im Stich gelassen worden mit der Folge, dass sie nicht nur die emotionale Erfahrung, verlassen zu werden nicht mit ihrem Selbstkonzept vereinbaren kann, sondern auch die Gefühle in der Reaktion auf das Alleingelassen werden mit diesen Gefühlen. Statt Traurigkeit und Protest zu erleben und sich darin verstehen und akzeptieren zu können, reagiert sie depressiv. Diese Neigung, depressiv zu reagieren, wird ihr auch nach der Therapie erhalten bleiben. Aber sie wird sich in ihr besser verstehen und annehmen können, auch anderen Menschen leichter zumuten können und dadurch beschwerdefreier leben können.

7 Hauptanwendungsgebiete

Der Indikationsrahmen von Psychotherapieverfahren hat sich im Laufe der Zeit aus unterschiedlichen Gründen stark verändert. Generell gilt für psychotherapeutische Behandlungen, dass sich das Indikationsspektrum stets erweitert hat und zwar nicht nur im Hinblick auf die Diagnosen der Behandelten, sondern auch im Hinblick auf diagnoseunabhängige Patientenmerkmale wie das Alter der Patienten: Galten früher z. B. Menschen mit »Charakterneurosen« als psychotherapeutisch unbehandelbar, so gelten sie heute als Menschen mit bestimmten Persönlichkeitsstörungen, die durchaus gute Chancen haben, von einer Psychotherapie zu profitieren. Sah man früher Menschen über 50 Jahre als behandlungsresistent an, gibt es heute eine Vielzahl von psychotherapeutischen Angeboten für Menschen im höheren Lebensalter.

7.1 Hauptanwendungsgebiete aus der Sicht von Indikationsstellern

Wenn man in den 1970er-Jahren Psychiater in einer Psychiatrischen Klinik fragte, an welche Psychotherapie sie bei einem Patienten als wünschenswerte Weiter- bzw. Nachbehandlung dachten, wurde am häufigsten (47 %) die Gesprächspsychotherapie genannt, gefolgt von Verhaltenstherapie, psychoanalytischer Therapie und Psychoanalyse (Eckert et al. 1977).

In einer sehr differenziert angelegten Untersuchung der Urteilsprozesse bei der Indikationsstellung zur Psychotherapie kam Blaser (1977) ebenfalls zu dem Ergebnis, dass die häufigste Therapieindikation die für eine Gesprächspsychotherapie war. Der Autor kommentierte diese Häufigkeit u. a. mit der Vermutung, dass »die Indikation zur Gesprächspsychotherapie auch als therapeutischer Abfallkorb gesehen werden kann« (a.a.O, S. 167), da klare Indikationsregeln für eine Gesprächspsychotherapie fehlten. Sie sind tatsächlich erst im Zuge der Verbreitung des Verfahrens in Deutschland zunehmend herausgearbeitet und erforscht worden (z. B. Biermann-Ratjen et al. 1979, Kap. V; Zielke 1979).

Dass eine Indikation für eine Gesprächspsychotherapie häufiger als für andere Therapieverfahren gestellt wurde, ist u. E. auch dadurch bedingt, dass sie eine niedrigere Indikationsschwelle hat als andere Verfahren. Dieser klinische Eindruck hat sich in einer der wenigen deutschen empirischen Therapievergleichsstudien bestätigt, in denen Gesprächspsychotherapie mit psychoanalytischer Therapie verglichen worden ist: Danach hat die Gesprächspsychotherapie im Vergleich zu einem psychoanalytischen Verfahren eine deutlich niedrigere Indikationsschwelle: 177 Patienten einer psychosomatischen Ambulanz wurden sowohl von einem Psychoanalytiker als auch von einem Gesprächspsychotherapeuten in einem Erstinterview im Hinblick auf die Frage untersucht, ob eine auf 30 Stunden limitierte psychoanalytische Fokaltherapie bzw. eine auf 30 Stunden limitierte Gesprächspsychotherapie indiziert sei. Das Gesamturteil zur Indikation wurde auf einer dreistufigen Prognoseskala festgehalten: »positiv«, »mittel«, »negativ«. Während die psychoanalytischen Erstinterviewer bei 61 Patienten (= 34 %) eine positive Therapieprognose feststellten, waren es bei den Gesprächspsychotherapeuten 140 Patienten (= 79 %), d. h., die Indikationsrate für Gesprächspsychotherapie war deutlich mehr als doppelt so hoch wie die für eine psychoanalytische Behandlung. Eine denkbare Ursache für diese Differenz könnte sein, dass einer Indikation für eine psychoanalytische Behandlung völlig andere Kriterien zugrunde gelegt werden als der für eine Gesprächspsychotherapie. Das aber kann mit ziemlicher Sicherheit ausgeschlossen werden, denn die Korrelation zwischen psychoanalytischer und gesprächspsychotherapeutischer Prognoseeinschätzung war positiv und betrug r = 0,35, d. h., die Unterschiede in den Indikationsraten lassen sich am ehesten auf Unterschiede in der Höhe der Indikationsschwellen zurückführen (Meyer 1981).

Über die Antwort auf die Frage, worauf diese Unterschiede in den Indikationsschwellen zurückzuführen sind, kann nur spekuliert werden: Sind Gesprächspsychotherapeuten z. B. leichtsinniger oder mutiger als Psychoanalytiker? Oder sind die Psychoanalytiker wählerischer? Wir sehen aufgrund langjähriger klinischer Beobachtungen einen möglichen Grund für die »großzügigere« Indikationsstellung in dem Umstand, dass die Gesprächspsychotherapie ein »nicht-invasives« Therapieverfahren ist und auch in kleineren Veränderungen unerwarteter Art Erfolge sieht. Gesprächspsychotherapeutisch nicht erfolgreich behandelte Patienten klagen eher, dass ihnen die Gesprächspsychotherapie nicht geholfen habe, dass alles unverändert sei, während nicht erfolgreich behandelte Patienten aus anderen Therapieverfahren eher klagen, dass ihnen die Behandlung geschadet habe.

Auf einer Psychotherapiestation in einer Psychiatrischen Klinik (Gross et al. 1975) schälten sich im Laufe der Zusammenarbeit von Vertretern dreier Therapieverfahren – Psychoanalyse, Gesprächspsychotherapie und Verhaltenstherapie – folgende klinische Zuweisungsregeln unabhängig von der jeweiligen Diagnose heraus:

- Patienten, bei denen ein Zugang zu den der Symptomatik zugrundeliegenden Konflikte nur durch Deutungen erreichbar schien, behandelte der Psychoanalytiker.
- Patienten, die Beziehungsängste und depressive Symptome hatten, verletzlich erschienen und Zuwendung und Aufmunterung brauchten, wurden dem Gesprächspsychotherapeuten zugewiesen.
- Patienten, die deutlich machten, dass sie ihr Symptom oder Verhaltensdefizit loswerden wollten, aber nicht sonderlich an deren Ursachen interessiert waren, behandelte der Verhaltenstherapeut.

Bei diesen in der Praxis entwickelten Kriterien für eine differentielle Therapiezuweisung war also nicht die im Vordergrund stehende Störung ausschlaggebend, sondern die Frage, wie kompatibel das »Behandlungsmodell des Therapeuten« mit den »therapiebezogenen Merkmalen des Patienten« ist. Therapiebezogene Patientenmerkmale sind z. B. die dominierende Form der Abwehr i. S. der Psychoanalyse, die Bereitschaft und die Möglichkeiten, sich in einer therapeutischen Beziehung auf einen Selbstexplorationsprozess einzulassen (Gesprächspsychotherapie), oder sich unter Anleitung systematischen Lernschritten und Übungen zu unterziehen (Verhaltenstherapie).

Eine Systematisierung hat diese Form der Indikationsstellung durch Orlinsky und Howard (1987) im »Allgemeinen Modell von Psychotherapie« (AMP; s. z. B. Hautzinger und Eckert 2007) erfahren.

7.2   Welche Patienten mit welchen Diagnosen werden tatsächlich behandelt?

Mitte der 1990er-Jahre wurden in Deutschland die Diagnosen von 300 Patienten erhoben (Eckert und Wuchner 1994), bei denen Gesprächspsychotherapeut und behandelter Patient übereinstimmend festgestellt hatten, dass »die Behandlung aufgrund des Erreichten abgeschlossen werden konnte«. Die überwiegende Zahl der diagnostischen Klassifikationen erfolgte nach ICD-9 (Weltgesundheitsorganisation 1980), lagen ICD-10-Diagnosen (Weltgesundheitsorganisation 1991) vor, wurden diese übernommen. Die Ergebnisse zeigt Tabelle 7.1.

Bei fast der Hälfte der gesprächspsychotherapeutisch behandelten Patienten wurde eine neurotische Erkrankung diagnostiziert. Die mittlere Behandlungsdauer dieser erfolgreichen Behandlungen betrug 69 Therapiesitzungen.

7.2 Welche Patienten mit welchen Diagnosen werden tatsächlich behandelt?

Tab. 7.1: Verteilung der Diagnosen nach ICD-9 bei 300 erfolgreichen Gesprächspsychotherapien mit Erwachsenen

Diagnose	Anzahl (N)	%	Durchschnittliche Zahl der Therapiesitzungen
Neurose (ICD-9: 300)	144	48,0	72,4
Anpassungsstörung (ICD-9: 309)	40	13,3	71,3
Persönlichkeitsstörung (ICD-9: 301)	23	7,7	73,7
Akute Belastungsreaktion (ICD-9:308)	23	7,7	56,4
Psychosomatische Störung (ICD-9:306)	22	7,3	55,1
Essstörung (ICD-10: F50)	16	5,3	86,5
Posttraum. Belastungsreaktion (ICD-10: F 43.1)	11	3,6	55,4
Identitätsstörung*	9	3,0	45,6
Alkoholabhängigkeit (ICD-9: 303)	7	2,3	79,6
Sexuelle Störung (ICD-9: 302)	5	1,6	58,6
Gesamt	**300**	**100**	**69,2**

* = freie klinische Diagnose

Uns sind keine Hinweise bekannt, dass sich diese Verteilung der Diagnosen der durch Gesprächspsychotherapie behandelten erwachsenen Patienten seit dieser Erhebung wesentlich verschoben hätte. Die Häufigkeit von Behandlungsdiagnosen hängt auch davon ab, wie häufig die jeweiligen psychischen Störungen in der Bevölkerung auftreten (Prävalenzraten), wie ausgeprägt die Bereitschaft ist, psychotherapeutische Hilfe zu suchen, und wie hoch die Wahrscheinlichkeit ist, dass man die Störung mit einer Psychotherapie lindern bzw. beheben kann.

Im sog. »Methodenpapier« des »Wissenschaftlichen Beirats Psychotherapie«, ein Gremium nach § 11 PsychThG, werden die »Anwendungsbereiche für Psychotherapie bei Erwachsenen« (= ICD-10-Diagnosen) aufgelistet, in denen ein Therapieverfahren, das als Vertiefungsverfahren zur Ausbildung zum Psychologischen Psychotherapeuten (PP) zugelassen werden will, in ausreichendem Umfang seine Wirksamkeit nachgewiesen haben muss. Aus der Reihenfolge der Störungen in dieser Liste lässt sich auch ablesen, wie hoch der Bedarf an psychotherapeutischer Versorgung für die jeweilige Störung ist. Den höchsten Bedarf weisen affektive Störungen und Angststörungen auf:

1. Affektive Störungen (F3; einschließlich F94.1; F53)
2. Angststörungen (F40-F42; F93 und F94.0)
3. Somatoforme Störungen und dissoziative Störungen (Konversionsstörungen) (F44 – F48)
4. Abhängigkeit und Missbrauch (F1, F55)
5. Persönlichkeitsstörungen und Verhaltensstörungen (F6)
6. Anpassungsstörungen und Belastungsstörungen (F43)
7. Essstörungen (F50)

Die aufgelisteten Störungen sind zugleich Hauptanwendungsgebiete für Gesprächspsychotherapie. Sie decken sich mit den in Tab. 7.1 aufgeführten Störungen, die von Gesprächspsychotherapeuten erfolgreich behandelt werden können. Die Affektiven und die Angststörungen werden im ICD-9 noch unter den neurotischen Störungen (ICD-9: 300) zusammengefasst.

7.3 Indikations- und Prognosekriterien für Gesprächspsychotherapie

Wie bereits ausgeführt (▶ Kap. 4), geben Diagnosen nur erste Hinweise auf eine Indikation für eine Psychotherapie, vor allem im Hinblick auf

7.3 Indikations- und Prognosekriterien für Gesprächspsychotherapie

eine Kontraindikation, sie sind aber für eine Indikationsstellung nicht ausschlaggebend und invalide für eine Behandlungsprognose. Das gilt für alle Psychotherapieverfahren, auch für die symptomzentrierte Verhaltenstherapie (z. B. Bozok und Bühler 1988).

In Kapitel 4 wurde bereits ausgeführt, dass eine verfahrensspezifische Indikationsstellung für eine Gesprächspsychotherapie und deren Prognose in der Regel anhand von drei Indikationskriterien und einem Prognosekriterium erfolgt.

Die Diagnose des Patienten wird in der Gesprächspsychotherapie vor allem im Indikationskriterium 1 (»Die Störung ist eine psychische, die eine Inkongruenz zur Grundlage hat«) berücksichtigt. Wenn eine Kassenfinanzierung der Behandlung erfolgen soll, dann sollte es sich um eine »psychotherapie-indikative« Diagnose (gemäß § 20 der Psychotherapie-Richtlinien in der Fassung vom 6. Januar 2016; Gemeinsamer Bundesausschuss 2016) handeln und das Vorliegen weiterer Störungen – in der Regel erfüllen Psychotherapiepatienten die Kriterien von mehr als nur einer ICD-Diagnose – sollte die Behandlung der im Vordergrund stehenden Symptomatik nicht ausschließen. Das wäre z. B. dann der Fall, wenn ein Patient seine Angstsymptomatik behandelt wissen möchte, aber bei der Eingangsdiagnostik festzustellen ist, dass die von ihm bisher praktizierte Eigentherapie der Angst mit Alkohol sich zu einer Abhängigkeitserkrankung ausgewachsen hat.

8 Settings

Settings haben das Potential, den Therapieprozess zu unterstützen, indem sie bestimmte Probleme aktualisieren, z. B. Geschwisterprobleme oder Durchsetzungsprobleme in der Gruppensituation oder bestimmte Partnerkonflikte in der Paarsituation. Alle psychotherapeutischen Paradigmen sehen in der Problemaktualisierung einen bedeutsamen Wirkfaktor.

Für alle Settings, die im Rahmen des Klientenzentrierten Konzepts entwickelt worden sind, gilt *als generelle Zielsetzung: Das Setting sollte die Entwicklung einer therapeutischen Beziehung fördern*, die dem Klienten/Patienten erlaubt, in einen Prozess der Selbstauseinandersetzung und Selbstempathie zu treten.

8.1 Gruppentherapie

Gesprächspsychotherapie ist in ihren Anfängen vor allem als Einzeltherapie entwickelt und erforscht worden, und zwar zuerst im Kontext der Therapie von Kindern und Jugendlichen (Rogers 1939). In seinem ersten Hauptwerk »Counseling and Psychotherapy« (Rogers 1942) liegt das Schwergewicht auf der Behandlung von Erwachsenen. In Rogers' zweitem Hauptwerk, »Client-centered Therapy« (Rogers 1951), findet sich wieder ein Kapitel über die Behandlung von Kindern, nämlich über »Spieltherapie« von Elaine Dorfman, und es taucht erstmals ein Beitrag über Gruppentherapie auf, nämlich über »Gruppenbezogene Psychotherapie« von Nicholas Hobbs. Die Psychotherapie von Kindern und Jugendlichen im Rahmen des Klientenzentrierten Konzepts nahm eine kontinuierliche Entwicklung (▶ Kap. 8.3). Während sich diese Entwicklung auch in Europa fortsetzte (s. Reisel und Wakolbinger 2012) stagnierte die Weiterentwicklung der Gruppentherapie. Das änderte sich erst 1946, als Rogers den staatlichen Auftrag erhielt, Berater und Therapeuten für die aus dem 2. Weltkrieg zurückkehrenden amerikanischen Soldaten (»GI's«) auszubilden. Einen maßgeblichen Entwicklungsschub erfuhr die Gruppentherapie aber erst Mitte der 1960er-Jahre, als zunächst in den USA, dann auch in Europa (Richter 1972) die Gruppe als Möglichkeit entdeckt wurde, Solidarität zu erleben und damit Isolation, Ohnmacht und Einsamkeit zu überwinden. Rogers Beitrag zu dieser Bewegung war ein Gruppenkonzept, das er »Encounter-Gruppe« nannte und dessen theoretisches Fundament aus der Gruppentheorie von Kurt Lewin und der Therapietheorie des Klientenzentrierten Ansatzes bestand (Rogers 1974). Dieses Gruppenkonzept war nicht primär klinisch ausgerichtet, sondern wurde vor allem als Möglichkeit der Selbsterfahrung genutzt.

Auch im deutschsprachigen Europa wurden diese beiden Zielrichtungen weiterverfolgt, nämlich die Anwendung der Gruppenarbeit im außerklinischen (z.B. Schmid 1994) und im klinisch-therapeutischen Bereich, vor allem im stationären Rahmen (z.B. Eckert 2007).

Wie in der Einzeltherapie steht auch in der Gruppentherapie die Entwicklung einer therapeutischen Beziehung im Zentrum der Behandlung, die es dem Patienten ermöglicht, in einen Prozess der Selbstauseinandersetzung und Selbstempathie einzutreten mit dem Effekt, vorliegende Inkongruenzen zu reduzieren bzw. aufzuheben (Eckert und Biermann-Ratjen 2010).

Die therapeutische Beziehung und die therapeutische Arbeit in der Gruppe unterscheiden sich von der in der Einzeltherapie vor allem in dreifacher Hinsicht:

1. Die Beziehungserfahrungen in der Gruppe schließen nicht nur die Beziehung zum Therapeuten, sondern auch die zu den einzelnen Gruppenmitgliedern und zu der Gruppe als Ganzer ein. Die Ent-

wicklung einer Beziehung zur Gruppe als Ganzer hängt in hohem Maße davon ab, welches Ausmaß an Gruppenkohäsion i. S. von Yalom (2010) die Gruppe entwickelt, das heißt als wie attraktiv bzw. wertvoll die einzelnen Gruppenmitglieder die Gruppe erleben.
2. Der Gesprächspsychotherapeut zentriert in der Einzeltherapie seine Aufmerksamkeit unter Einbeziehung des Inneren Bezugsrahmes des Patienten vor allem auf drei Bereiche von dessen Erleben: das *Selbstkonzept, internalisierte Wertvorstellungen* und die *Beziehung zum Therapeuten*. In der Gruppenpsychotherapie dehnt sich der Aufmerksamkeitsfokus des Therapeuten auf die Beziehung zu anderen Gruppenmitgliedern und zur Gruppe als Ganzer aus.
3. Das Selbsterleben eines Gruppenpatienten spiegelt sich in der Gruppensituation nicht nur in der Reaktion des Therapeuten, sondern auch in den Reaktionen der anderen Gruppenmitglieder. Sind die Reaktionen der anderen Gruppenmitglieder auf die Einlassungen eines Gruppenmitglieds nicht verständnisvoll, sondern abweisend und nicht akzeptierend, dann kann das zwei mögliche Gründe haben: Zum einen können sie Ausdruck des Scheiterns sein bei dem Versuch, den oder die anderen zu verstehen. Zum anderen können sie Ausdruck des antizipierten Scheiterns bei dem Versuch sein, sich verständlich zu machen (»so wie ich bin, akzeptiert mich sowieso niemand«).

Die nicht akzeptierenden Reaktionen der Gruppenmitglieder reflektieren in aller Regel den Teil des Erlebens des Gruppenmitglieds, den dieser nicht mit seinem Selbstkonzept vereinbaren kann.

Daraus leitet sich eine zentrale Handlungsanleitung für den klientenzentrierten Gruppentherapeuten ab. Wenn in der Situation eine Intervention von Seiten des Therapeuten angebracht erscheint, dann wendet er sich nicht dem Akteur zu und greift nicht das von ihm Gesagte auf, sondern wendet sich entweder der Reaktion der Gruppe als Ganzer zu (z. B. »die Gruppe schweigt – heißt das, etwas hindert sie daran, sich damit zu befassen?«) oder der Reaktion eines einzelnen reagierenden Gruppenmitgliedes (z. B. »das, was Herr X gesagt hat, macht sie wütend?«).

Die generelle Aufgabe des Gruppentherapeuten besteht darin, das Bemühen der Gruppenmitglieder um gegenseitiges Verstehen zu unterstützen mit dem Ziel, Empathie für das Erleben des je anderen und Selbstempathie für das eigene Erleben – für die Reaktionen auf dieses Erleben der anderen – zu fördern. Dieses Vorgehen basiert auf der gruppentherapeutischen Veränderungstheorie der Gesprächspsychotherapie (Biermann-Ratjen und Eckert 2017).

8.2 Paartherapie

Paartherapie ist indiziert, wenn die zu behebenden Probleme Paarbeziehungsprobleme sind, und sie findet statt, wenn beide Partner gleichzeitig an den Therapiesitzungen teilnehmen.

Rogers hat sich in erster Linie nicht mit Partnertherapie als solcher, sondern mit den Möglichkeiten und Grenzen von Partnerschaft und partnerschaftlichem Zusammenleben beschäftigt (Rogers 1972). Ein Konzept einer Paartherapie im Rahmen des Klientenzentrierten Konzepts hat Auckenthaler (1983) entwickelt. Aus der Therapietheorie der Gesprächspsychotherapie leitet sie ab, dass der Fokus der Behandlung nicht primär auf der gestörten Paarbeziehung liegt, sondern auf der Beziehung, die die Partner jeweils zu sich selbst haben. Das heißt: Die Partner müssen erst ihre jeweilige Beziehung zu sich selbst ändern, damit sich ihre Beziehung zueinander ändern kann.

Einen anderen Ansatz vertritt Linster (2000). Er sieht in der gemeinsamen Arbeit des Paares an der Paarbeziehung im geschützten therapeutischen Rahmen das wesentliche Therapeutikum.

Nicht alle niedergelassenen Gesprächspsychotherapeuten führen Paartherapien durch. Häufig werden diese in Erziehungs- bzw. Familienberatungsstellen als ein spezielles Angebot der Beratungsstelle angeboten.

8.3 Kinder- und Jugendlichentherapie

Die Behandlung von Kindern und Jugendlichen hat eine lange Tradition in der Gesprächspsychotherapie. Wie bereits dargestellt, arbeitete Rogers selbst am Anfang seiner Berufstätigkeit als Psychologe mit Kindern und Jugendlichen bei der »Rochester Society for Prevention of Cruelty to Children« und veröffentlichte 1939 sein erstes Buch zum Thema Kindertherapie: »The Clinical Treatment of the Problem Child«.

Große Resonanz fanden das Buch »Play Therapy« von Rogers' Mitarbeiterin Virgina Axline (Axline 1974, orig. 1947) und die Fallgeschichte »Dibs« (Axline 1971, orig. 1964). Axline beschreibt darin das Konzept einer »nicht-direktiven Spieltherapie«, das auf acht Prinzipien basiere:

1. »Prinzip der **vollständigen Annahme**: Der Therapeut nimmt das Kind ganz so an, wie es ist.
2. Prinzip der Herstellung eines **Klimas des Gewährenlassens**: Der Therapeut gründet seine Beziehung zum Kind auf einer Atmosphäre des Gewährenlassens, so dass das Kind sich frei fühlt, alle seine Gefühle uneingeschränkt auszudrücken.
3. Prinzip der **Achtung vor dem Kind**: Der Therapeut achtet die Fähigkeit des Kindes, mit seinen Schwierigkeiten selbst fertig zu werden, wenn man ihm Gelegenheit dazu gibt. Die Verantwortung, eine Wahl in Bezug auf sein Verhalten zu treffen und das In-Gang-Setzen einer inneren Wandlung sind Angelegenheit des Kindes.
4. Prinzip der **Wegweisung durch das Kind**: Der Therapeut versucht nicht, die Handlungen oder Gespräche des Kindes zu beeinflussen. Das Kind weist den Weg, der Therapeut folgt ihm.
5. Prinzip **der Nicht-Beschleunigung**: Der Therapeut versucht nicht, den Gang der Therapie zu beschleunigen. Sie ist ein Weg, der langsam, Schritt für Schritt, gegangen werden muss, und der Therapeut weiß das.
6. Prinzip der **Gestaltung der Beziehung**: Der Therapeut sollte eine warme freundliche Beziehung zum Kind aufnehmen, die so bald wie möglich zu einem guten Kontakt führt.
7. Prinzip des **Erkennens und Reflektierens von Gefühlen**: Der Therapeut ist wachsam in Bezug auf die Gefühle, die das Kind ausdrücken möchte. Er versucht sie zu erkennen und dem Kind zu reflektieren.
8. **Prinzip des Begrenzens**: Der Therapeut setzt nur Grenzen, wo diese notwendig sind, um die Therapie in der Welt der Wirklichkeit zu verankern und um dem Kind seine Mitverantwortung an der Beziehung zwischen ihm und dem Kind zu verdeutlichen.«

(Reisel u. Wakolbinger, 2012, S. 256 f.)

Im deutschsprachigen Europa fand die Spieltherapie nach Axline rasch Verbreitung, auch gestützt durch Publikationen des Ehepaares Reinhard und Annemarie Tausch (1963). Zugleich setzten Versuche ein, die nicht-direktive Spieltherapie mit lerntheoretischen Annahmen zu verknüpfen, was aber nicht gelang:

> »Versuche, eine kindzentrierte Spieltherapie in Richtung auf eine lerntheoretische Fundierung theoretisch zu verankern, sind sämtlich fehlgeschlagen. Zu unterschiedlich waren Menschenbildannahmen und die daraus abzuleitenden Konsequenzen für die Therapie« (Goetze 2002, S. 117).

In der weiteren Entwicklung der klientenzentrierten Spieltherapie sind zwei konzeptuelle Weiterentwicklungen hervorzuheben. Zum einen verstehen sich die Kinder- und Jugendlichentherapeuten im Vergleich zu den Anfängen der Spieltherapie stärker als aktive Interaktionspartner des Kindes. Sie achten und reagieren auf die wechselnden Kontakt- und Beziehungswünsche, sie spielen auch mit und gestalten damit auch die Spielszene. Hintergrund dieser Erweiterung des Therapeutenverhaltens sind die Erkenntnisse der Säuglingsforschung und der Bindungstheorie über die prägende Bedeutung von Interaktionserfahrungen, z. B. die Notwendigkeit, Nähe und Distanz bedürfnisangemessen regulieren zu können.

Zum anderen wird die Notwendigkeit betont, in der Kinder- und Jugendlichentherapie auch die Familie miteinzubeziehen (Schmidtchen 1991). Schmidtchen plädiert für ein differentielles Vorgehen und nennt Kriterien, wann welches Setting – Kind allein oder Familie – gewählt werden sollte.

Als konzeptimmanente generelle Ziele einer Kinder- und Jugendlichentherapie im Rahmen des Klientenzentrierten Konzepts werden angesehen:

- »eine emotional korrigierende Beziehungserfahrung zu machen,
- verleugnete und verdrängte Aspekte seines Erlebens wahrzunehmen und in sein Selbstbild zu integrieren,
- sich besser verstehen zu lernen,
- mit seinen Stärken und Potenzialen gesehen zu werden,
- Selbstwirksamkeit zu erleben,
- offener für neue Erfahrungen zu werden,
- alternative Verhaltensweisen auszuprobieren«

(Weinberger 2001, zit. nach Reisel und Wakolbinger 2012, S. 262).

Die Ziele machen deutlich, dass auch in der Klientenzentrierten Kinder- und Jugendlichentherapie nicht die Symptomatik oder das problematische Verhalten des Kindes im Zentrum der Behandlung steht, sondern ein therapeutisches Beziehungsangebot, das es dem Kind ermöglicht, eine bessere Beziehung zu sich selbst und zu anderen zu entwickeln.

8.4 Stationäre Behandlung

Ende der 60er-Jahre des vorigen Jahrhunderts lautete ein Credo des ärztlichen Direktors einer Psychiatrischen Universitätsklinik: »Psychotherapie ist ein ambulantes Geschäft«. Dennoch unterstützte er die Einrichtung einer Psychotherapiestation in seiner Klinik, weil seiner Auffassung nach bei der Behandlung von psychiatrischen Patienten die Grenzen der psychopharmakologischen Therapie häufig erreicht, hingegen die Grenzen der Anwendung von Psychotherapie im stationären Behandlungssetting nicht ausgeschöpft waren.

Heute ist ein Psychiater in der Regel ein Facharzt »für Psychiatrie *und* Psychotherapie« und psychiatrische Einrichtungen tragen die Bezeichnung »Klinik für Psychiatrie und Psychotherapie«, was darauf hinweisen soll, dass das Behandlungsangebot auch Psychotherapie einschließt. Ein Großteil der stationären Psychotherapieplätze (»Psychotherapiebetten«) finden sich in Rehabilitationskliniken und ein weiterer Teil im Bereich der stationären Psychosomatik.

Stationäre Psychotherapie ist eine denkbare Alternative zu einer ambulanten Behandlung, wenn diese keinen ausreichenden Erfolg verspricht und die Kriterien für eine stationäre Psychotherapie gegeben sind.

8.4.1 Indikation

Eine stationäre Psychotherapie ist vor allem bei einer für eine ambulante Behandlung nicht ausreichenden Stabilität in psychischer und/oder körperlicher Hinsicht indiziert. Das können in Anlehnung an Baudisch und Schmeling-Kludas (2010) sein:

a. Der Patient ist akut suizidal oder reagiert bekanntermaßen unter Belastung mit Suizidalität.
b. Emotionale und/oder körperliche Instabilität, z. B. bei Patienten mit Borderline-Persönlichkeitsstörungen (z. B. Selbstverletzungen) oder mit Traumafolgeerkrankungen (Flashbacks oder dissoziative Zustände) oder bei Patienten mit Anorexia nervosa und kritischem Körpergewicht.
c. Es liegt außer der psychotherapie-indikativen psychischen Störung auch eine behandlungsbedürftige körperliche Störung vor, z. B. eine Angststörung im Zusammenhang mit einer Bypass-Operation.
d. Das Vorliegen eines diagnostisch unklaren Krankheitsbildes mit potentiell bedrohlichen körperlichen Symptomen, wie wiederholte Luftnot.

Es gibt auch krankheitsunabhängige Faktoren, die für eine stationäre Psychotherapie anstelle einer ambulanten Behandlung sprechen:

i. das Lebensumfeld des Patienten ist so pathologisierend, dass erst eine Herausnahme des Patienten aus diesem Umfeld die Möglichkeit eröffnet, eine psychotherapeutische Beziehung aufzubauen, die Veränderungen ermöglicht.
ii. Der stationäre psychotherapcutische Raum mit seinen unterschiedlichen Angeboten und Mitpatienten, die von diesen Angeboten profitieren, kann helfen, dem Patienten eine Psychotherapie als denkbare therapeutische Hilfe für sich zu erkennen.
iii. Der stationäre Rahmen ist strukturgebend und ermöglicht Patienten eine kontinuierliche Behandlungsteilnahme, die sie im ambulanten Setting nicht hinbekommen würden.

8.4.2 Besonderheiten des stationären Settings und ihre Auswirkungen

Die oben genannten Indikationskriterien sind alle nicht verfahrensspezifisch, sondern helfen zu entscheiden, wann eine stationäre Behandlung einer ambulanten vorzuziehen ist.

Der stationäre Rahmen beeinflusst das therapeutische Setting in mehrfacher Hinsicht:

1. Die *Behandlungsdauer* ist begrenzt. In Reha-Einrichtungen beträgt sie im Mittel vier bis acht Wochen, in Psychosomatischen und Psychiatrischen Kliniken sechs bis 12 Wochen, bei bestimmten Erkrankungen, z. B. Persönlichkeitsstörungen, auch bis zu einem Jahr. Die Begrenzung wirkt sich in der Regel positiv auf die therapeutische Arbeit aus, vor allem dann, wenn der Therapeut den bestehenden Zeitrahmen thematisiert, z. B. auf die noch verbleibende Sitzungszahl verweist. Bei Patienten mit einer Trennungsproblematik, z. B. Patienten mit einer Borderline-Persönlichkeitsstörung, war die Einrichtung von »geschlossenen« Gruppen sehr hilfreich, da das Therapieende gemeinsam erlebt und durchgestanden wurde.
2. Die Behandlung findet in der Regel als *Gruppentherapie* mit vier bis fünf Gruppensitzungen in der Woche statt.
3. *Multimodales Therapieangebot*: Die Psychotherapie ist in der Regel das zentrale therapeutische Angebot, daneben kommen z. B. Gestaltungs-, Musik-, Tanz- und Kunsttherapie zum Einsatz. Zum Therapieangebot gehört auch häufig psychopharmakologische Therapie. Wichtig ist eine intensive Kooperation zwischen den Vertretern der verschiedenen Therapieangebote, vor allem regelmäßiger Austausch über jeden einzelnen Patienten verbunden mit der Frage, ob sich aus den unterschiedlichen Wahrnehmungen ein konsistenter Gesamteindruck ergibt oder nicht.
4. *Therapeutische Gemeinschaft*: Das Zusammenleben mit anderen, die ähnliche oder ganz andere Probleme haben, ist in aller Regel hilfreich. So sind Suchtstörungen häufig sehr schambesetzt. Treffen diese Patienten im Stationsalltag oder in einer Gruppentherapie auf

Patienten mit vergleichbaren Problemen, entlastet sie das und hilft, Schamgefühle abzubauen.

Das gesprächspsychotherapeutische Behandlungsangebot im stationären Rahmen besteht in aller Regel in einer Klientenzentrierten Gruppentherapie, angeboten von Gesprächspsychotherapeuten, die nicht nur zur Teamarbeit fähig sind, sondern in dieser auch eine hilfreiche Unterstützung ihrer therapeutischen Arbeit sehen.

In der Zusammenarbeit der verschiedenen Berufsgruppen – u. a. Psychotherapeuten, Körperärzte, Krankenschwestern und -pfleger, Ergo-, Kunst-, Musik- und Tanztherapeuten – in einer Behandlungseinheit (Station oder Abteilung) können sich innerhalb der und zwischen den Gruppen mehr oder weniger offene Konflikte aufbauen, die dann das therapeutische Klima der Station oder Abteilung negativ beeinflussen. Da der Therapieerfolg eines jeden stationären Patienten nicht unerheblich vom therapeutischen Klima der Behandlungseinheit insgesamt abhängt, ist ein wesentlicher Teil der auf einer Station zu leistenden therapeutischen Arbeit die Förderung eines günstigen Stationsklimas. Eine in der Regel bewährte institutionalisierte Maßnahme, das Stationsklima zu fördern, besteht in einer Supervision des Behandlungsteams durch einen externen Supervisor bzw. eine Supervisorin.

Angesichts der vielfältigen und sehr unterschiedlichen Einflüsse, denen ein stationärer Psychotherapiepatient ausgesetzt ist, stellt sich die Frage, ob denn die verfahrensspezifischen Therapiemethoden des jeweils angewandten psychotherapeutischen Verfahrens überhaupt noch zum Tragen kommen. In diesem Zusammenhang ist zunächst darauf hinzuweisen, dass selbst in der ambulanten Einzeltherapie der Anteil des angewandten Verfahrens an der Wirksamkeit einer Psychotherapie erstaunlich gering ist. Er beträgt in einer Replikationsstudie von Norcross und Lambert (2011) nur acht Prozent (8 %) (▶ Abb. 1).

In einer älteren empirischen Studie (Eckert und Biermann-Ratjen 1985) gibt es einen überzeugenden empirischen Hinweis darauf, dass die auf einer Psychotherapiestation angewandten psychotherapeutischen Methoden ihre spezifischen Wirkungen trotz vielfältiger anderer Einflüsse entfalten. Im Gegensatz zu Wartegruppenpatienten übernehmen behandelte Patienten die Therapietheorie des jeweils angewandten Therapieverfahrens, was deutlich wird am Bezugsrahmen, aus dem heraus sie ihre Therapie und ihre Umwelt beurteilen: »Der Bezugsrahmen der psychoanalytisch behandelten Patienten ist offenbar maßgeblich von der *inneren und äußeren Autonomie* bestimmt, die die Patienten bei sich wahrnehmen; der Bezugsrahmen der gesprächspsychotherapeutisch behandelten Patienten besteht dagegen v. a. in der Beachtung ihrer *Kontakt- und Beziehungsfähigkeit*« (Eckert und Biermann-Ratjen 1985, S.124).

Abschließend sei noch darauf verwiesen, dass das Dodo-Bird-Verdikt (Luborsky et al. 2001) auch für das stationäre Setting gilt: Es gibt keine bedeutsamen Wirksamkeitsunterschiede zwischen den miteinander verglichenen Therapieverfahren.

8.5 Gesprächspsychotherapie bei körperlich Kranken und Sterbenden

Unter psychotherapeutischem Umgang mit körperlich Kranken werden verschiedene Vorgehensweisen mit unterschiedlichen Zielsetzungen verstanden:

1. »allgemeiner psychologisch-psychotherapeutischer Ansatz
2. spezifischer psychologisch-psychotherapeutischer Ansatz
3. Bewältigungsansatz (Coping)
4. psychotherapeutischer Ansatz bei psychischen Krisen als Folge einer körperlichen Erkrankung und
5. psychologische Hilfe in tabuisierten Lebens- und Problembereichen«

(Schmeling-Kludas und Eckert 2007, S. 434)

Zu den Vorgehensweisen zählen auch Aufklärungs- und entlastende Gespräche, die häufig auf Elemente der Klientenzentrierten Gesprächsführung (z. B. Weinberger 2013) zurückgreifen, z. B. »aktives Zuhören«.

8.5 Gesprächspsychotherapie bei körperlich Kranken und Sterbenden

Der Einsatz von Gesprächspsychotherapie bei körperlich Kranken und Sterbenden lässt sich wie folgt definieren:

»Gesprächspsychotherapie bei körperlich Kranken und Sterbenden bedeutet, dass ein ausgebildeter psychologischer oder ärztlicher Gesprächspsychotherapeut dem Patienten ein gesprächspsychotherapeutisches Beziehungsangebot macht mit dem Ziel, eine psychische Labilisierung und/oder Inkongruenz zu reduzieren« (Schmeling-Kludas 2006, S. 393).

Psychotherapeutisch zu beeinflussende psychische Zustände (Inkongruenzen) treten häufig auf bei Herzinfarkt und Herzinsuffizienz, Schlaganfall, chronischen Lungenerkrankungen und Krebsleiden. Da diese Krankheiten gehäuft im höheren Lebensalter auftreten, sind sie nicht selten von Ängsten vor Autonomieverlust und Todesängsten begleitet. Auch Behandlungsmaßnahmen, wie Organtransplantation, Implantierung von Defibrillatoren bei malignen Herzrhythmusstörungen oder Dialyse bei Niereninsuffizienz, lösen diese Ängste aus und stellen eine zusätzliche Belastung dar.

Zu beachten ist, dass bestimmte Behandlungsmaßnahmen, wie Chemotherapie bei Krebs, organisch bedingte affektive Störungen auslösen können. Die depressive Stimmung während einer Chemotherapie bei einer Krebserkrankung ist dann nicht reaktiver Natur, d. h. eine Folge der psychischen Auseinandersetzung mit der Erkrankung und ihrer Behandlung, sondern unmittelbare organische Nebenwirkung des Medikaments auf das Gehirn.

Schmeling-Kludas (2006, S. 394 ff.) unterscheidet vier Indikationsbereiche für Gesprächspsychotherapie bei körperlich Kranken und Sterbenden:

1. *Emotionale Belastung durch die Tabuisierung von bestimmten Problem- und Lebensbereichen:*
In der westlichen Zivilisation sind die am stärksten tabuisierten Bereiche menschlichen Lebens: Chronische und unheilbare Krankheit, körperliche Entstellung, schwere Behinderung und nahender Tod. In diesen Bereichen gibt es keine Hilfe, die Linderung oder gar Heilung verspricht. Im Kontakt mit den Betroffenen stellen sich vielmehr Ohnmachtsgefühle und Hilflosigkeit ein mit der Folge, dass

Kontakte nach Möglichkeit gemieden werden, was bei den Betroffenen zu zunehmender sozialer Isolierung führen kann. Das gesprächspsychotherapeutische Beziehungsangebot kann bei Menschen, die tabuisierten Erfahrungen ausgesetzt sind, auch dann hilfreich sein, wenn es nicht primär um die Auflösung von Inkongruenzen geht. Häufig sind sich die Patienten ihrer Gefühle bewusst, aber sie fürchten nicht nur, dass andere diese nicht aushalten, sondern sie erleben es auch, wenn Kontakte mit ihnen so kurz wie möglich ausfallen oder ganz vermieden werden. Das therapeutisch Hilfreiche, das ein Gesprächspsychotherapeut in dieser Situation leisten kann, besteht darin, dass er diese innere Situation des Patienten empathisch versteht und dabei sowohl die Gefühle von Ohnmacht und Hilflosigkeit des Patienten als auch seine eigenen aushält.

Wichtige Themen eines therapeutischen Kontakts mit Menschen, die tabuisierten Erfahrungen ausgesetzt sind, sind häufig Fragen, wie offen die betroffenen Patienten mit ihrer realen Krankheitssituation gegenüber Angehörigen, z. B. Enkelkindern, oder anderen wichtigen Bezugspersonen umgehen sollen bzw. können. Auch hier gilt, dass der Gesprächspsychotherapeut gemeinsam mit dem Patienten herauszuarbeiten versucht, wie dessen diesbezügliche Vorstellungen und Wünsche sind und welche Ängste er damit verbindet.

2. *Inkongruenz durch veränderte Körper- und Affektwahrnehmung:*
Vor allem bei Erkrankungen des Herz-Kreislauf-Systems und der Lunge können körperliche Sensationen auftreten, die den durch Emotionen, z. B. Angst, ausgelösten Körperempfindungen, z. B. Atemnot, sehr ähnlich sind. So kann ein organisch bedingter Sauerstoffmangel zu einer organisch bedingten hohen Herzschlagrate oder Kurzatmigkeit führen, beides sind Symptome, die auch bei Wut- und Angstzuständen auftreten können.

Es gilt als klinisches Wissen, dass organisch ausgelöste Emotionen im Gegensatz zu psychisch ausgelösten Emotionen vom Patienten – und auch vom Therapeuten – als nicht verstehbar und damit auch als nicht annehmbar erfahren werden. Eine Erklärung dafür ist, dass organisch ausgelöste Emotionen einen körperlichen Defekt signalisieren, der u. U. lebensbedrohlich ist, während psychisch ausgelöste Emotionen Ausdruck einer Inkongruenz sein können, die dann, wenn sie verstanden worden ist, aufhebbar ist. Für den therapeutischen Umgang mit diesen aus unterschiedlichen Quellen stammenden Emotionen heißt das: Psychisch ausgelöste Emotionen können verstanden und aufgelöst werden, organisch ausgelöste Emotionen können nur mit dem Patienten zusammen »ausgehalten« werden.

3. *Inkongruenz im Rahmen von Krankheitsbewältigung:*
Bestimmte körperliche Erkrankungen können sehr invasive Behandlungsmaßnahmen erfordern, in deren Folge es zu Bewältigungsproblemen oder auch zu Fehlanpassungen kommen kann. Häufiger ist das bei Herzkranken, die reanimiert werden mussten, oder onkologischen Patienten der Fall. Diese reagieren ähnlich wie Patienten mit einer Traumafolgestörung auf bestimmte Signale, in der Regel Körpersignale, mit Flashbacks.
Ein Gesprächspsychotherapeut, der solche Patienten behandelt, sollte ausreichende Kenntnisse über Psychotraumatologie haben und die im Rahmen des Klientenzentrierten Konzepts entwickelten Behandlungsansätze kennen (z. B. Eckert u. Biermann-Ratjen, 2015).

4. *Von der körperlichen Krankheit mehr oder weniger unabhängige psychotherapiebedürftige Probleme:*
Eine schwere körperliche Krankheit kann zum Auslöser einer bereits vorhandenen, aber bislang gut kompensierten psychischen Störung werden. Nicht selten ist zu beobachten, dass der mit der Krankheit in der Regel einhergehende Autonomieverlust einen bestehenden »Autonomie-Abhängigkeitskonflikt«, einer der menschlichen Grundkonflikte im Psychodynamischen Modell (s. Arbeitskreis OPD 2006), sichtbar werden lässt. Ein Beispiel dafür ist ein an Arthrose Erkrankter, dessen Mobilität nur durch ein künstliches Kniegelenk und ein künstliches Hüftgelenk wiederhergestellt werden konnte. Er schaffte es nach der OP in kürzester Zeit, sich ohne Krücken wieder fortzubewegen. Sein Ziel war offenbar die Wiederherstellung einer uneingeschränkten Mobilität, wozu auch die Nutzung seines E-Bikes gehörte. Bei der Entscheidung, das E-Bike wieder zu benutzen, war offensichtlich der Wunsch nach Autonomie größer als die Abwägung des Risikos, als Arthrose-Patient bei einem Sturz

massive Knochenschäden davonzutragen. Leider kam es zu dem Sturz und einem Oberschenkeltrümmerbruch. Den als Fortbewegungsmittel empfohlenen Rollstuhl hat der Patient vorzeitig mehrmals verlassen, vermutlich wollte er davon profitieren, dass Krücken besser als ein Rollstuhl geeignet sind, Mobilität zu erleben.
Der Vermutung, dass die massive Einschränkung der Gehfähigkeit einen bis dahin gut kompensierten Autonomie-Abhängigkeitskonflikt ausgelöst hat, kann aber nur therapeutisch nachgegangen werden, wenn der Betroffene selbst für sich klären möchte, warum er dieses absehbare Risiko, Rad zu fahren, eingegangen ist.

8.6 Krisenintervention

In ihrer Einführung in die Krisenintervention im Rahmen des Klientenzentrierten Konzepts betont Brossi (2006, S. 373 ff.), dass Krisen zum Leben gehören und alle Menschen betreffen. Krisen seien »Erschütterungen« der Kontinuität des Lebens.
Eine klinisch bedeutsame Krise definiert sie – unter Einbeziehung bestehender Definitionen – wie folgt:

> »Akute Krisen werden ausgelöst durch belastende innere und äußere Erfahrungen, die plötzlich auftreten können und auf die nicht angemessen reagiert werden kann. Sie durchbrechen die Kontinuität des Erlebens und tragen den Charakter von großer Gefahr und existentiell erlebter Überforderung in sich. Die Person gerät in heftige innere Spannung, Angst, emotionale Verwirrung, ihre üblichen Bewältigungsstrategien versagen« (Brossi 2006, S. 375).

Eine Krise mündet in einen psychischen Zustand, der in der Gesprächspsychotherapie als »Inkongruenz« (▶ Kap. 5.1.1) bezeichnet wird. Erfahrungen, die das Selbstkonzept bedrohen, werden nicht zugelassen. Eine Krise wird durch Ereignisse ausgelöst, die für den Betroffenen plötzlich und unerwartet eintreten und die Wahrscheinlichkeit einer Krisenreaktion ist umso höher, je instabiler das Selbstkonzept einer Person ist, d. h. wenn eine generell erhöhte psychische Vulnerabilität vorliegt. Dann können individuelle Belastungen, wie ein Einbruch in die Wohnung, negativ erlebte Veränderungen im Berufsfeld, Erkrankung oder Tod nahestehender Personen oder andere Schicksalsschläge zu Krisenauslösern werden.

Auch Menschen mit einem stabilen Selbst können in eine Krise geraten durch Erfahrungen, die das Individuum in seinem bisherigen Leben noch nie gemacht hat oder die es völlig unvorbereitet treffen, z. B. eine Paniksituation bei einer Massenveranstaltung, wie bei der »Loveparade« 2010 in Duisburg. Typische und leider sehr häufige belastende Katastrophen sind Kriegsereignisse und Fluchterlebnisse. Die durch sie ausgelösten Krisen werden als *Traumatische Krisen* bezeichnet und von *Lebenskrisen* unterschieden. Lebenskrisen werden ausgelöst durch Veränderungen, die alle Menschen im Laufe ihres Lebens erfahren, die zum Leben dazugehören und in der Regel absehbar sind, wie der Auszug aus dem Elternhaus, Heirat, Schwangerschaft, Berentung bzw. Pensionierung, Krankheit und Auseinandersetzung mit dem eigenen Tod, z. B. in Form von der Abfassung eines Testaments. Diese kritischen Lebensereignisse können zu akuten Krisen – »Lebensveränderungskrisen« – führen. Der Zustand des Betroffenen wird umgangssprachlich häufig als »Nervenzusammenbruch« beschrieben: Seine Bewältigungsstrategien sind inadäquat, er wirkt konfus und desorganisiert, es kommt zu einem Rückzug aus sozialen Kontakten und zur Inaktivität oder zu ziellosen Aktivitäten.

Lebensveränderungskrisen werden nicht selten dadurch beendet, dass der Krisenanlass wegfällt oder der sich vergrößernde zeitliche Abstand zum Krisenausbruch schwächt die Krisensymptomatik zunehmend ab. Kulturelle Riten, wie eine 9-monatige Trauerzeit nach dem Tod eines Ehepartners, belegen die heilende Wirkung des Faktors Zeit.

Erfordert der Zustand des Krisenpatienten eine Behandlung, dann bemüht sich der Gesprächspsychotherapeut um die Entwicklung einer Beziehung zum Betroffenen, in der er erlebt, dass er sich dem Erleben des Betroffenen mit Bedingungsfreier Positiver Beachtung zuwenden kann. Gelingt das, dann lassen sich nach Brossi (2006, S. 382 ff.) drei aufeinanderfolgende Schritte bzw. Aufgaben unterscheiden:

1. *Halt geben* und *Schutz bieten*, wenn nötig, den äußeren Bezugsrahmen klären: Soll sich die betroffene Person krankschreiben lassen? Gibt es Personen, die sie unterstützen können? Soll man ihr anbieten, dass sie sich bei Bedarf auch außerhalb der vereinbarten Termine telefonisch melden kann?
2. *Die Erfahrung »ich bin in einer Krise« zur Selbsterfahrung werden lassen.*
3. *Selbstempathisches Verstehen der eigenen Bewältigungsversuche* und Erkennen auch der Gefühle, die vermieden werden, z. B. beim Tod eines nahestehenden Menschen nicht nur die Trauer über den Verlust fühlen, sondern auch die Enttäuschung darüber, zurückgelassen bzw. verlassen worden zu sein.

Krisen sollten nicht nur unter psychopathologischen Gesichtspunkten betrachtet werden, auch wenn die größte Gefahr einer Krise in der häufig auftauchenden Suizidalität besteht.

Krisen bergen häufig auch die Chance einer persönlichen Entwicklung, zu einer Neuorientierung und zu einem Neubeginn. Das gilt für Lebenskrisen, aber auch, wenn auch nicht so häufig, für traumatische Krisen.

9 Wissenschaftliche Evidenz[6]

Einer der ersten empirischen Nachweise der Wirksamkeit von Psychotherapie wurde von Carl Rogers erbracht. Er veröffentlichte 1954 zusammen mit Rosalind Dymond eine Psychotherapiestudie, die berühmt wurde, weil sie in ihrer Konzeption und Methodik einer randomisierten kontrollierten Untersuchung (RCT-Studie) entsprach, die heute als methodischer »Goldstandard« für empirische Wirksamkeitsstudien im Bereich Psychotherapie gilt.

Vor Rogers gab es keine systematische Psychotherapieforschung auf empirischer Basis und es stand die von Eysenck aufgestellte Behauptung im Raum, dass Psychotherapie bzw. Psychoanalyse wirkungslos sei (Eysenck 1952). Die Forschungsbemühungen, die in der Reaktion darauf einsetzten, werden rückblickend, z. B. von Meyer (1990), die Rechtfertigungsphase der Psychotherapieforschung genannt.

Ein Jahr bevor Bergin und Garfield 1971 begannen, den Stand der empirischen Psychotherapieforschung regelmäßig in ihrem »Handbook of Psychotherapy and Behavior Change« zu referieren, erschien die erste umfassende Darstellung der Ergebnisse der empirischen Psychotherapieforschung »Research in Psychotherapy« von Meltzoff und Kornreich (1970). Die beiden Autoren klassifizierten die von ihnen analysierten Studien nach folgendem Schema:

---

6 Der engl. Begriff »Evidence-Based Medicine« (EBM) wurde ins Deutsche mit »Evidenzbasierte Medizin« (EbM) übersetzt, obwohl der Begriff »evidence« im Englischen die Bedeutung von Beleg, Beweis bzw. Hinweis hat, während Evidenz im Deutschen Offensichtlichkeit bedeutet, etwas, das keiner weiteren Belege bzw. Beweise bedarf.

9 Wissenschaftliche Evidenz

Kontrollierte Wirksamkeitsstudien					
Methodisch adäquate Studien (Adequate Studies)			Eingeschränkt methodisch adäquate Studien (Questionable Studies)		
Große Effekte	Kleine Effekte	Keine oder negative Effekte	Große Effekte	Kleine Effekte	Keine oder negative Effekte

Für den Zeitraum bis 1959 finden die Autoren 12 adäquate Studien mit eindeutig positiven Effekten, unter ihnen auch drei klientenzentrierte Studien. Nicht nur für die klientenzentrierte Einzeltherapie, sondern auch für die nicht-direktive Spieltherapie und die klientenzentrierte Gruppentherapie wurde die Wirksamkeit nachgewiesen (▶ Tab. 9.1).

In der Rubrik »methodisch adäquate Studien mit keinem oder negativem Ergebnis« ist keine klientenzentrierte Studie aufgeführt. Diese Studien machten deutlich, dass jugendliche Delinquenten und langjährig hospitalisierte Patienten mit der Diagnose Schizophrenie von keinem der damals eingesetzten Therapieverfahren profitieren konnten.

Wie sehen die Wirksamkeitsnachweise rund 25 Jahre später aus? Hautzinger (2007, S. 62) teilt in Anlehnung an Grawe et al. (1994) die Anzahl der empirischen Psychotherapiestudien mit, die im Rahmen der verschiedenen Therapieverfahren bis Mitte der 1980er-Jahre publiziert worden sind (▶ Tab. 9.2). Während es bis 1959 – so Meltzoff und Kornreich – keine adäquaten Wirksamkeitsnachweise für verhaltenstherapeutische Behandlungen gab, erhöhte sich in der Folgezeit die Zahl der Studien in diesem Bereich explosionsartig (▶ Tab. 9.2). Mit großem Abstand folgten Studien zur Wirksamkeit von Gesprächspsychotherapie und psychodyamischer/psychoanalytischer Therapie. Bis 1980 gab es keine empirischen Studien zur klassischen Psychoanalyse nach S. Freud bzw. C. G. Jung.

Die sog. Rechtfertigungsphase hatte ihr (vorläufiges) Ende mit dem Erscheinen der ersten Metaanalysen, beginnend mit der von Smith, Glass und Miller (1980). In ihr wurden die Ergebnisse von 475 Wirksamkeitsstudien unterschiedlichster Therapieverfahren zusammengefasst mit

Tab. 9.1: «Adäquate Studien mit eindeutig positiven Therapieergebnissen» bis 1959 (zitiert nach Meltzoff & Kornreich 1970)

Autoren	Jahr	Patienten/Störung	Therapieansatz
Chappel & Stevenson	1936	«peptic ulcer«	Psychologisches Training
Grace, Pinsky & Wolff	1954	Colitis ulcerosa	Gruppentherapie
Rogers & Dymond	1954	Neurotische Störungen, vor allem Angst und Depression	**Client-centered therapy (Einzeln)**
Harris, Firestone & Wagner	1955	Enuresis bei jungen Erwachsenen (Marinesoldaten)	Verbale Kurztherapie (1 (!) Sitzung)
Morton	1955	Studenten mit »severe personal problems«	Verbale Kurztherapie (4 Sitzungen in 20 Tagen)
Tucker	1956	Männliche Psychotiker	Gruppentherapie
Mundy	1957	geistig retardierte Kinder	**Nicht-direktive Spieltherapie (Einzel)**
Coons	1957	überwiegend schizophrene Patienten	Gruppenpsychotherapie
Ends & Page	1957	Alkoholiker	Gruppentherapie
Ends & Page	1959	Alkoholiker	**Klientenzentrierte Gruppentherapie**
Snyder & Sechrest	1959	Psychisch beeinträchtigte Delinquenten	Gruppentherapie
Sinclair-Gieben & Chalmers	1959	Patienten mit Warzen	Hypnose

dem Ergebnis, dass es dem durchschnittlichen psychotherapeutisch behandelten Patienten am Ende der Behandlung bessergeht als 80 % der Patienten, die keine psychotherapeutische Behandlung erhalten hatten, was einer durchschnittlichen Effektstärke (ES) von 0,85 entspricht, die als »groß« ($\geq 0{,}8$) klassifiziert wird. Als Fazit ging in die Lehrbücher

Tab. 9.2: Anzahl der bis 1984 zu den verschiedenen Therapieverfahren publizierten empirischen Studien (nach Hautzinger 2007, S. 62, ohne Technik- und Settingvarianten)

Verfahren	Anzahl der Studien
Kognitiv-verhaltenstherapeutische Verfahren	> 567
Gesprächspsychotherapie	> 35
Psychoanalytische Fokal- bzw. Kurztherapie	< 27
Unspezifische psychodynamische Therapie	> 21
Psychoanalytische Therapie	> 12
Gestalttherapie	> 7
Psychodrama	< 6
Transaktionsanalyse	< 6
Psychoanalyse (sensu Freud)	0
Psychoanalyse (sensu Jung)	0

ein: Psychotherapie ist im Durchschnitt deutlich wirksamer als keine Therapie. Psychotherapie hilft nicht nur nachhaltiger, sondern auch schneller als keine Therapie.

Das gilt auch speziell für die Gesprächspsychotherapie. Sie war auch Gegenstand der allseits anerkannten umfassenden Meta-Analyse, die Grawe, Donati und Bernauer (1994) veröffentlicht haben. Analysiert wurden alle klinisch relevanten Psychotherapiestudien aus den Jahren 1936 bis 1984 mit folgendem Fazit für die Gesprächspsychotherapie:

»Vergleicht man die Ergebnistabellen für die Prä-Post-Vergleiche und die Kontrollgruppen-Vergleiche mit den analogen Tabellen zu den meisten anderen Therapieformen, dann muß man der Gesprächspsychotherapie eine sehr überzeugend nachgewiesene Wirksamkeit bescheinigen. Die Ergebnisse sind bemerkenswert, wenn man an das Spektrum an Störungen denkt, auf die Gesprächspsychotherapie angewandt wurde, und an die relativ kurze Therapiedauer, in der die Effekte erreicht wurden« (Grawe et al. 1994, S. 134).

Auf die nachgewiesene Wirksamkeit der Gesprächspsychotherapie wurde auch schon kurz zuvor in dem von Meyer et al. (1991) vorgelegten »Forschungsgutachten zu Fragen eines Psychotherapeutengesetzes« hingewiesen, das von der deutschen Bundesregierung in Auftrag gegeben worden war. Es enthält darüber hinaus die Feststellung, dass der Ausschluss der Gesprächspsychotherapie aus der Krankenkassenfinanzierung nicht gerechtfertigt sei:

> Die Gesprächspsychotherapie ist [...] ein Behandlungsverfahren mit nachgewiesener klinischer Wirksamkeit. Ihr Ausschluß aus der Kassenfinanzierung innerhalb der gegenwärtigen Psychotherapierichtlinien widerspricht somit der empirischen Befundlage und ist damit ungerechtfertigt« (Meyer et al. 1991, Forschungsgutachten, S. 84).

Die Mitte der 1990er-Jahre einsetzenden Bemühungen, medizinische Behandlungsmaßnahmen unter der Kennzeichnung »Evidence-based Medicine« (EbM) auf ein solides, empirisch überprüftes Fundament zu stellen (z. B. Sackett et al. 1996), mündeten in Deutschland im Jahr 2000 in der Gründung des Vereins »Deutsches Netzwerk Evidenzbasierte Medizin e. V.«

Wie die bisherigen Ausführungen deutlich gemacht haben, ist die Wirksamkeit von Psychotherapie – auch im Vergleich mit anderen medizinischen Behandlungen – empirisch gut belegt. Dennoch wächst der gesundheitspolitische Druck, auch die Psychotherapie nach den Regeln der EbM zu evaluieren (Fydrich und Schneider 2007), obwohl von vielen Seiten dagegen methodische Einwände vorgebracht worden sind, z. B. die teilweise stark eingeschränkte Übertragbarkeit der nach EbM-Kriterien gewonnenen Studienergebnisse auf die psychotherapeutische Praxis (Revenstorf 2005). Kriz (2014) weist auf die bereits vom »Vater« der EbM, David Sackett (Sackett et al. 1996), ausgesprochene Warnung vor dem Missbrauch von EbM hin und führt aus, wie »EbM zum Mittel der Selektion in berufs- und verbandspolitischen Konkurrenzkämpfen umfunktioniert (wird) [...] und dazu auf ein fragwürdiges Grundmuster reduziert wird: Letztlich werden nur RCT-Studien gezählt und alle anderen Informationen und Belege aus wissenschaftlichen Studien über die Wirksamkeit eines Psychotherapieverfahrens missachtet und damit entwertet« (Kriz 2014, S. 177). Wir greifen das Thema später (▶ Kap. 10.2) nochmals auf.

9 Wissenschaftliche Evidenz

Die Frage, ob Wissenschaft »im Dienste der Psychotherapie« steht oder ob sie »ihr Herr und Eigentümer« ist, wird aktuell wieder als zu klärende Grundsatzfrage diskutiert. Diese Diskussion schlägt sich in Buchtiteln wie »Ist Psychologie eine Wissenschaft?« (Galliker 2016), »Psychotherapie ist mehr als Wissenschaft« (Sulz 2014) oder »The Great Psychotherapy Debate« (Wampold and Imel 2011) nieder.

Institutionalisierten Vertretungen der Evidenzbasierten Medizin, wie Cochrane Deutschland, aber auch psychologische Fachgesellschaften, wie die American Psychological Association (APA), haben Richtlinien zur Abschätzung der Evidenz von empirischen Studien vorgeschlagen.

Eine allgemein akzeptierte Abstufung der Evidenzgrade für klinische Studien haben Chambless und Hollon (1998) vorgelegt. Sie sind in Tab. 9.3 aufgeführt, der auch zu entnehmen ist, dass die drei höchsten Evidenzstufen die Anwendung von RCT-Studien voraussetzen.

Zu einer Prüfung der Gesprächspsychotherapie in Deutschland nach EbM-Kriterien kam es, nachdem das Verfahren vom Wissenschaftlichen Beirat Psychotherapie (WBP) im Rahmen des 1999 in Kraft getretenen Psychotherapeutengesetzes (PsychThG) nach § 1 Abs. 3 als »wissenschaftlich anerkannt« eingestuft worden war. Damit war eine Ausbildung zum Psychologischen Psychotherapeuten im Schwerpunkt Gesprächspsychotherapie mit abschließender Approbation möglich. Da die Gesprächspsychotherapie bis zu diesem Zeitpunkt kein sog. Richtlinien-Verfahren war, d. h. ein Verfahren, das sozialrechtlich anerkannt ist und dessen Kosten die Krankenkassen übernehmen, wurde diese Anerkennung bei dem dafür zuständigen Gemeinsamen Bundesausschuss (G-BA) beantragt, der ein Begutachtungsverfahren über den »medizinischen Nutzen« der Gesprächspsychotherapie auf der Grundlage der EbM-Kriterien einleitete.

Im Zuge dieser Begutachtung wurde auch die Meinung der »Profession« in Form eines von der Bundespsychotherapeutenkammer in Auftrag gegebenen Gutachtens eingeholt (Strauß et al. 2008).

9 Wissenschaftliche Evidenz

Tab. 9.3: Evidenzgrade für klinische Studien nach Chambless & Hollon (Hautzinger 2007, S. 72)

Evidenzgrad	Evidenzbasis	Beurteilung
I a	Metaanalysen über mehrere randomisierte kontrollierte Studien	(I) Wirksam
I b	Mindestens zwei randomisierte kontrollierte Studien aus unabhängigen Gruppenstudien	
II a	Eine randomisierte kontrollierte Studie	(II) Möglicherweise wirksam
II b	Serie von gut angelegten quasi-experimentellen Studien, prospektive Kohorten-, Fallkontroll- und experimentelle Einzelfallstudien	
III	Nicht-experimentelle oder deskriptive Studien (Ein-Gruppen-Prä-Post-Vergleiche, Korrelationsstudien)	(III) Bislang ohne ausreichende Wirksamkeitsnachweise
IV	Unsystematische Einzelfallstudien, Kasuistiken, Expertenmeinungen, Konsensuskonferenzen, klinische Erfahrung	

Die Expertenkommission der Bundespsychotherapeutenkammer hat im Hinblick auf die für die sozialrechtliche Anerkennung erforderliche Nutzenbewertung zu einem Anwendungsbereich der Psychotherapie (nach den Psychotherapie-Richtlinien in der Fassung vom 20.06.2006) die Evidenzgrade von Chambler & Hollon (▶ Tab. 9.3) in folgende vier Stufen transformiert (▶ Tab. 9.4):

Tab. 9.4: Grade der Nutzenbewertung (in Anlehnung an die Evidenzklassen für Klinische Psychologie von Chambless & Hollon, 1998)

Stufe	Nutzenbewertung
I*	Nutzennachweis einschließlich des Wirksamkeitsnachweises durch mehrere unabhängige, methodisch adäquate Studien ist erbracht.
II*	Substanzielle Hinweise auf den Nutzen einschließlich eines Wirksamkeitsnachweises durch mindestens eine methodisch adäquate Studie liegen vor.

Tab. 9.4: Grade der Nutzenbewertung (in Anlehnung an die Evidenzklassen für Klinische Psychologie von Chambless & Hollon, 1998) – Fortsetzung

Stufe	Nutzenbewertung
III	Hinweise auf einen Nutzen liegen vor.
IV	Es liegen keine Studien vor, die Hinweise auf einen Nutzen liefern.

* Dabei setzen die Bewertungsstufen I und II das Vorliegen von methodisch adäquaten und aussagekräftigen Wirksamkeitsstudien der Evidenzstufe I b oder II b voraus.

Wie Tab. 9.5 zu entnehmen ist, liegen für die Anwendungsbereiche

- affektive Störungen,
- Angststörungen und Zwangsstörungen,
- Reaktionen auf schwere Belastungen und Anpassungsstörungen,
- Essstörungen,
- psychische Begleit-, Folge- und/oder Residualsymptomatik psychotischer Erkrankungen sowie
- indikationsübergreifende (nicht-symptomspezifische Behandlungen, z. B. alle behandlungsbedürftigen Patienten einer psychosomatischen Ambulanz) Studien.

substantielle Hinweise für den Nutzen von Gesprächspsychotherapie vor.

Vor diesem Hintergrund kommt die Expertenkommission zu dem Ergebnis:

»Im Ergebnis zeigte sich, dass die Gesprächspsychotherapie bei einer Reihe von Anwendungsbereichen der Psychotherapie wirksam und nützlich ist. Aufgrund der klinischen Breite dieser Anwendungsbereiche ist die Schlussfolgerung gerechtfertigt, dass die Nutzenbewertung der Gesprächspsychotherapie insgesamt positiv ausfällt. Diese Bewertung aufgrund empirischer Evidenz steht überdies im Einklang mit einer jahrzehntelangen Bewährung in Forschung und Versorgung« (Strauß et al. a.a.O., S. 121).

Dieser Beurteilung konnte bzw. wollte sich der G-BA nicht anschließen. In seiner Stellungnahme vom 24. April 2008 wird festgestellt, dass der Nutzen (= Wirksamkeit) der Gesprächspsychotherapie bei Erwachsenen nicht ausreichend nachgewiesen sei.

Diese Position steht nicht nur im Widerspruch zu den oben referierten Ergebnissen und Gutachten, sondern auch zu denen der internationalen Forschung, deren neuester Stand jeweils in »Bergin & Garfield's Handbuch für Psychotherapy and Behavior Change« nachzulesen ist.

Tab. 9.5: Aktualisierte Nutzenbewertung der Gesprächspsychotherapie (nach Strauß et al. 2008; Aktualisierungen sind mit einem * markiert)

Anwendungsbereiche	Grad des Nutzens	Bemerkungen
Affektive Störungen	Stufe I	Nutzennachweis erbracht
Angststörungen und Zwangsstörungen	Stufe II	Substantielle Hinweise für den Nutzen
Dissoziative Störungen (Konversionsstörungen) und somatoforme Störungen	Stufe IV	Keine Studien in den Stufen I u. II
Reaktionen auf schwere Belastungen und Anpassungsstörungen	Stufe II	Substantielle Hinweise für den Nutzen
Essstörungen	Stufe II*	Substantielle Hinweise für den Nutzen
Nicht-organische Schlafstörungen	Stufe IV	Keine Studien in den Stufen I u. II
Sexuelle Funktionsstörungen	Stufe IV	Keine Studien in den Stufen I u. II
Persönlichkeitsstörungen und Verhaltensstörungen	Stufe III	Hinweise auf Nutzen
Verhaltens- und emotionale Störungen (bei Erwachsenen) mit Beginn in Kindheit und Jugend		Dieser Bereich wurde nicht geprüft
Störungen durch psychotrope Substanzen	Stufe III	Hinweise auf Nutzen
Seelische Krankheit aufgrund frühkindlicher emotionaler Mangelzustände oder tiefgreifender Entwicklungsstörungen, in Ausnahmefällen auch seelische Krankheiten, die im Zusammenhang mit frühkindlichen körperli-	Stufe IV	Keine Studien in den Stufen I u. II

Tab. 9.5: Aktualisierte Nutzenbewertung der Gesprächspsychotherapie (nach Strauß et al. 2008; Aktualisierungen sind mit einem * markiert) – Fortsetzung

Anwendungsbereiche	Grad des Nutzens	Bemerkungen
chen Schädigungen und/oder Missbildungen stehen		
Seelische Krankheit als Folge schwerer chronischer Krankheitsverläufe	Stufe III	Hinweise auf Nutzen
Psychische Begleit-, Folge- und/oder Residualsymptomatik psychotischer Erkrankungen	Stufe II	Substanzielle Hinweise auf den Nutzen
Indikationsübergreifende Studien	Stufe II	Substanzielle Hinweise auf den Nutzen

* Aufgrund der Wirksamkeitsstudie von Schützmann et. al. (2010) von Stufe III auf Stufe II hochgestuft.

In der 6. Auflage dieses Handbuchs von Bergin & Garfield veröffentlichen Elliott et al. (2013) die Ergebnisse zur Wirksamkeit humanistischer Therapien (Humanistic-Experiential Therapies: HEPs). Sie basieren auf einer Meta-Analyse mit 186 Studien, in die 14 206 Klienten eingeschlossen waren. Im Folgenden werden die mittleren Effektstärken (ES) für die drei Beobachtungszeiträume mitgeteilt (ebd., S. 499):

1. Therapiebeginn (Prä) – Therapieende (Post): ES = 0,95
2. Therapiebeginn (Prä) – kurzfristige Katamnese (1–12 Monate): ES = 1,05
3. Therapiebeginn (Prä) – längerfristige Katamnese (> 12 Monate): ES = 1,11.

Diese Zahlen belegen nicht nur die Wirksamkeit von humanistisch-experientiellen Therapien, sondern auch ihre nachhaltige Wirkung: Nach Abschluss der Behandlungen bleiben die durch die Therapie erzielten Veränderungen nicht nur erhalten, sondern es kommt zu weiteren positiven Veränderungen. In diesem Ergebnis lässt sich auch ein Beleg für die therapietheoretische Annahme sehen, dass ein wesentlicher Effekt von Gesprächspsychotherapie in einer Aktivierung der persönlichen Ressourcen des Klienten besteht.

Der derzeitige Stand der internationalen Forschung zur Wirksamkeit *personzentrierter und experientieller Psychotherapien* (sog. PCE-Therapien) lässt sich in Anlehnung an Elliott und Freire (2010) wie folgt zusammenfassen:

a. »PCE-Therapien führen zu großen Prä-Post-Veränderungen.
b. Die zum Postzeitpunkt erreichten Veränderungen sind bis zu einem Jahr nach dem Behandlungsende und auch längerfristig (nach mehr als einem Jahr) nachweisbar.
c. Veränderungen durch PCE-Therapien sind deutlich (signifikant) größer als die Veränderungen bei Klienten, die nicht behandelt werden (Wirksamkeitsnachweis durch RCT-Studien).
d. Die generelle Wirksamkeit von PCE-Therapien unterscheidet sich weder in klinischer noch in statistischer Hinsicht von der Wirksamkeit anderer Therapieverfahren.
e. Die geringfügig höhere Wirksamkeit der kognitiv-behavioralen Therapie (CBT) verliert sich, wenn die theoretische Orientierung der Forscher (researchers allegiance) in Rechnung gestellt wird«

(Biermann-Ratjen et al. 2016, S. 85).

> **Fazit**
> Zusammenfassend lässt sich auf Grundlage der vorliegenden empirischen Forschungsergebnisse im Hinblick auf die Wirksamkeit und das Indikationsspektrum von Gesprächspsychotherapie festhalten:
> Die Wirksamkeit von Gesprächspsychotherapie ist seit Rogers & Dymond (1954) mithilfe von RCT-Studien kontinuierlich belegt worden. Ihre Wirksamkeit erstreckt sich auf ein weites Spektrum psychischer Störungen, und sie ist nachhaltig.

10 Empirisch gestützte klinische Evidenz

Klinische Wirksamkeitsbelege in Form von Falldarstellungen waren schon in den Anfängen der Klientenzentrierten Psychotherapie eher selten. Das grundlegende Werk »Counseling and Psychotherapy« (Rogers 1942, dtsch. 1972) beinhaltet nur eine einzige solche Dokumentation, den »Fall Herbert Bryan«.

Wegen der sehr eingeschränkten Generalisierbarkeit von Ergebnissen einzelner Falldarstellungen (der Psychoanalytiker und Psychotherapieforscher A.-E. Meyer nannte sie ironisierend auch »N = 1-Studien«) etablierte sich in klinischen Einrichtungen, in denen Gesprächspsychotherapie als Behandlung angeboten wurde, eine Wirksamkeitsüberprüfung, die sich an der Methodik der empirischen Psychotherapie-Effekt-Forschung orientierte. Dazu gehört die Messung der therapeutischen Veränderungen mit reliablen und objektiv auswertbaren Tests und Fragebögen, aber auch der Einsatz von Kontrollgruppen, in der klinischen Praxis meist in Form von sog. Eigenwartegruppen. Positive Veränderungen in den Eigenwartegruppen, die nicht die Regel, sondern eher die Ausnahme sind, werden bei der Bestimmung der in den Therapiegruppen gemessenen Veränderungen rechnerisch berücksichtigt, sodass diese als tatsächliche Behandlungseffekte angesehen werden können.

Auch die von Tausch (1976) vorgelegten Ergebnisse zur Wirksamkeit von Gesprächspsychotherapie basieren auf dieser Untersuchungsmethodik. Er berichtet zusammenfassend über die »Ergebnisse und Prozesse der Klientenzentrierten Gesprächspsychotherapie bei 550 Klienten und 115 Psychotherapeuten«: »Bei psychoneurotischen Klienten mit stark unterschiedlichen seelischen Beeinträchtigungen, unterschiedlicher Schulbildung und Persönlichkeit führen 7–12 psychotherapeutische Gesprächskontakte im Vergleich zu entsprechenden Warteklienten zu deutlich konstruktiven psychischen Änderungen« (Tausch 1976, S. 62).

Der Anteil der Klienten, bei denen keine signifikanten Verbesserungen festgestellt werden konnten, betrug 17 %.

Diese Ergebnisse wurden im Rahmen von Therapiestudien gewonnen, die Tausch an der Beratungsstelle des Psychologischen Instituts III der Universität Hamburg durchführen ließ. Therapeuten waren fortgeschrittene Studierende der Psychologie mit dem Schwerpunkt Klinische Psychologie und einer fortgeschrittenen Ausbildung in Gesprächspsychotherapie. Die um eine psychotherapeutische Behandlung nachsuchenden Klienten wurden vom Leiter der Beratungsstelle dahingehend untersucht, ob eine Psychotherapie möglicherweise kontraindiziert sein könnte, z. B. beim Vorliegen eines akuten psychotischen Krankheitsbildes, und nach Abschluss der testdiagnostischen Eingangsuntersuchungen (Prä-Tests) der Behandlungs- bzw. der Wartegruppe zugelost. Die Wartezeit war auf drei Monate festgelegt, woraus sich die relativ geringe Anzahl von 7–12 Therapiesitzungen erklärt. Die Patienten der Behandlungsgruppe wurden nach genau drei Monaten erneut testdiagnostisch untersucht (»Post-Test«). Rund die Hälfte der Klienten setzte die Behandlung jedoch über den Dreimonatszeitraum hinaus fort, was aber nicht systematisch untersucht worden ist.

Die von Tausch berichtete Wirksamkeitsprüfung von Gesprächspsychotherapie basiert also auf einer randomisierten Zuweisung von psychotherapie-indizierten Klienten auf Behandlungs- bzw. Kontrollgruppen, wobei die Veränderungen in der jeweiligen Kontrollgruppe bei den Therapieeffekten der Behandlungsgruppe rechnerisch (regressionsanalytisch) berücksichtigt wurden. Es handelt sich also bei diesen Wirksamkeitsuntersuchungen um RCT-Studien. Die in den 1990er-Jahren eingeführten EbM-Kriterien für RCT-Studien existierten zum Zeitpunkt der Tausch-Studien noch gar nicht.

Worin unterscheiden sich diese frühen RCT-Studien von heutigen RCTs nach EbM-Kriterien?

- Der größte Unterschied besteht in der Forderung, die Effizienz einer therapeutischen Intervention nur in Gruppen mit *monosymptomatischen Störungsbildern* zu prüfen.
  Diese Forderung entspringt den Störungsmodellen von symptomorientierten Therapieverfahren wie der Verhaltenstherapie. Sie ist aber nach wie vor nur bedingt mit der Klientenzentrierten Therapietheorie kompatibel: In der Gesprächspsychotherapie werden nicht bestimmte Symptome behandelt, sondern der Umgang mit der Erfahrung, die zu Inkongruenzen (▶ Kap. 5.1) und als deren Ausdruck zu Symptomen führt.
  Die Forderung nach der Untersuchung von monosymptomatisch gestörten Patienten führt darüber hinaus auch zu Untersuchungsstichproben, die nicht repräsentativ für Psychotherapiepatienten sind. So wies das Klientel einer psychotherapeutischen Ambulanz durchschnittlich 1,6 ICD-10-Diagnosen (Schauenburg 1993) auf.
- Die Therapiedurchführung soll nach EbM-Kriterien *manualgeleitet* erfolgen, um zu gewährleisten, dass die untersuchte Intervention auch tatsächlich durchgeführt worden ist. Dieser Forderung wurde in den Tausch-Studien in der Form Rechnung getragen, dass die Projekttherapien regelmäßig in einer Supervisionsgruppe vorgestellt wurden. Dort wurde der Gruppe ein zufällig ausgewählter 5-minütiger Tonbandausschnitt vorgespielt und jedes Gruppenmitglied schätzte unabhängig von den anderen diese Ausschnitte auf Ratingskalen im Hinblick auf wichtige Prozess- und Interaktionsmerkmale ein, z. B. Grad der »Verbalisierung emotionaler Erlebnisinhalte« (VEE) durch den Therapeuten, Grad der »Selbstexploration« (SE) des Klienten, Experiencing usw. (▶ Kap. 4.2.2). Diese Einschätzungen wurden dann miteinander verglichen und diskutiert und mündeten in Empfehlungen für die weitere therapeutische Arbeit.
- Die EbM-Kriterien sehen zur Feststellung der Effizienz mittel- und längerfristige Katamnesen vor. Die fehlen allerdings in den Tausch-Studien aus den 1960er- und 1970er-Jahren. Die in diesen Studien erhobenen Post-Testwerte markieren nur bei ca. 50 % der Patienten

das Behandlungsende, und es gibt keine Daten über die Stabilität der Therapieeffekte. Die wurden erst später erhoben mit dem erfreulichen Ergebnis, dass Gesprächspsychotherapie offenbar eine Langzeitwirkung entfaltet (▶ Kap. 10.3.7), d. h. nachhaltig wirkt.

Aus unserer Sicht lassen sich die von Tausch vorgelegten Ergebnisse zur Wirksamkeit von Gesprächspsychotherapie als »kontrollierte Effektivitäts-Studien« auffassen, die die Wirksamkeit von Gesprächspsychotherapie für psychoneurotisch beeinträchtigte Patienten mit einem Behandlungswunsch überzeugend belegen.

10.1 Praxis der klinischen Evaluation gesprächspsychotherapeutischer Behandlungen

Gesprächspsychotherapeuten dokumentieren seit Rogers den Verlauf und die Wirkungen ihrer Behandlungen. So sahen die Ausbildungsrichtlinien der Gesellschaft für wissenschaftliche Gesprächspsychotherapie e. V. (GwG) – die die Ausbildung in Gesprächspsychotherapie seit 1970 bis zum Inkrafttreten des Psychotherapeutengesetzes 1999 in Deutschland regeln – vor, die Therapiegespräche der Ausbildungskandidaten auf Tonträger (zunächst Tonband- später Tonkassetten- und auch Video-Aufnahmen) aufzunehmen und diese Aufzeichnungen zur Grundlage für die Supervisionsarbeit in der Ausbildungsgruppe zu machen. Zur Erfassung des Therapieprozesses war auch der Einsatz von »Stundenbögen« vorgeschrieben, in denen der Patient nach einer Sitzung seine in dieser Sitzung gemachten Erfahrungen einschätzte, z. B. auf dem »Bielefelder Klientenerfahrungsbogen« (BIKEB; s. Biermann-Ratjen et al. 2016, S. 253–256). Der Therapieeffekt wurde durch Fragebögen erhoben, die zu Behandlungsbeginn und am Ende der Behandlung (Prä-Post-Messungen) ausgefüllt wurden oder durch direkte Veränderungseinschätzungen (▶ Kap. 4 und Eckert und Schwab 2016). Eine Ausbildung zum Gesprächspsychotherapeuten wurde abgeschlossen mit der Vorlage von fünf erfolgreich abgeschlossenen Therapien, deren Verlauf (auf Tonträgern und Stundenbögen) und Ergebnis (Prä-Post-Messungen, Veränderungseinschätzungen) ausreichend dokumentiert sein mussten. Der in der Praxis niedergelassene Psychotherapeut ist zwar gesetzlich zu einer schriftlichen Dokumentation seiner Behandlungen verpflichtet, nicht aber zu einer objektiven Messung der therapeutischen Veränderungen mit Messinstrumenten wie Fragebögen. Viele Gesprächspsychotherapeuten haben die in der Ausbildung praktizierten Maßnahmen der Evaluation der Therapien nach dem Abschluss der Ausbildung beibehalten und nutzen deren Ergebnisse zum Vergleich mit den eigenen Beobachtungen.

Es empfiehlt sich, den Patienten bei Abschluss der Behandlung einen kurzen Nachbefragungsbogen, z. B. den STRUPP-Fragebogen (▶ Kap. 4), ausfüllen zu lassen und das Therapieergebnis aus seiner Sicht festzuhalten.

Eine Patientin, die wegen einer Bulimie eine Gesprächspsychotherapie aufnahm und nach 70 Stunden beendete, antwortete auf die Frage »*Was hat die Therapie ganz persönlich für Sie gebracht? Was ist/sind für Sie persönlich das/die wichtigsten Ergebnisse*«? (▶ Kasten):

> **Freie Schilderung des Therapieergebnisses durch eine Patientin mit einer Essstörung**
> »Meine Symptome sind verschwunden. Neben der Tatsache an sich (nicht mehr Fressen + Erbrechen) ist das wichtigste Ergebnis der Therapie, dass meine Gedanken nicht mehr von diesem Thema dominiert werden. Dadurch habe ich Platz/Gedanken zur Verfügung für andere Dinge/Gefühle/Erlebnisse. Meine Konzentrationsfähigkeit für das Leben hat dadurch stark zugenommen und liegt nicht mehr unter einer Art Dunstglocke aus ›Essgedanken‹. Mein Selbstbewusstsein ist stark gestiegen. Ich gehe gelassener mit Problemen um und kann Emotionen besser wahr- und annehmen«
> (zit. nach Eckert et al. 2012, S. 224).

Die Patientin beurteilt ihre Gesprächspsychotherapie zweifelsohne als erfolgreich.

Unter EbM-Gesichtspunkten könnte diese Feststellung jedoch höchstens als eine Beurteilung der Gesprächspsychotherapie auf der niedrigsten Evidenzstufe V (▶ Tab. 9.3) angesehen werden und zwar auch dann, wenn 85 von 100 behandelten Patienten mit Bulimie eine solche oder ähnliche positive Einschätzung abgäben. Klinische Evidenz hat gemessen am »Goldstandard RCT-Studie« nur einen unzureichenden »wissenschaftlichen« Aussagewert.

10.2 Welche Relevanz haben Efficacy-Studien (»Laborstudien«) für die Praxis?

Unter *Effizienz* (Efficacy) versteht man in der Psychotherapieforschung die Wirksamkeit eines Therapieverfahrens unter kontrollierten Studienbedingungen, unter *Effektivität* seine Wirksamkeit unter Praxisbedingungen.

Es hat sich in der Therapieforschung seit den 1990er-Jahren als sog. »Goldstandard« durchgesetzt, dass die tatsächliche Wirksamkeit (Effizienz) einer psychotherapeutischen Interventionsmethode nur mithilfe von RCT-Studien (= randomized controlled trial) gezeigt werden kann, die weitere Kriterien erfüllen müssen, wie die Überprüfung an monosymptomatischen Störungsbildern.

Martin Seligman, früher ein prominenter Vertreter der Forderung, dass zum eindeutigen Nachweis der Wirksamkeit (= Efficacy) einer psychotherapeutischen Behandlung ausschließlich RCT-Studien herangezogen werden dürften, änderte seine Meinung, nachdem er aktiv an einer großen amerikanischen Verbraucherstudie teilgenommen hatte und deren Wirksamkeitsergebnisse (= Effectiveness) mit denen der Efficacy-Studien verglich. Er halte Efficacy-Studien nicht mehr für die einzige und nicht einmal für die beste Möglichkeit festzustellen, welches Verfahren bzw. welche Methode in der Praxis wirke (Seligman 1997). Diese Ansicht teilt er mit vielen Psychotherapeuten und Psychotherapieforschern, z. B. Revenstorf (2005) und Sulz (2014). Aus deren Sicht ist die in diesem Buch vorgenommene Unterscheidung in »wissenschaftliche« und »klinische Evidenz« eine irreführende, weil sie eine höherwertige Aussagekraft von »wissenschaftlicher Evidenz« gegenüber anderen Wirksamkeitsnachweisen suggeriert. Die nachfolgenden Belege klinischer Wirksamkeit sollen das illustrieren.

10.3 Klinisch belegte und empirisch gestützte Wirksamkeit von Gesprächspsychotherapie[7]

Im Folgenden berichten wir von Ergebnissen gesprächspsychotherapeutischer Behandlungen, die auf unterschiedliche Weise systematisch dokumentiert und evaluiert worden sind.

Eine Sammlung störungsbezogener Falldarstellungen (Eckert et al. 1997) nahm die im Gutachterverfahren der Krankenkassen geforderte Falldokumentation als Vorlage und berichtete vom Behandlungsverlauf bei Patienten mit folgenden Störungen: »Agoraphobie mit Panikattacken und Depression«, »Anorexia nervosa«, »Borderline-Persönlichkeitsstörung«, »Bulimia nervosa«, »Generalisierte Angststörung«, »Morbus Crohn«, »Somatisierungsstörung«, »Zwangsstörung« und aus dem Kinder- und Jugendlichenbereich »Anpassungsstörungen« und »Enuresis«. Falldarstellungen gelten nach den EbM-Kriterien als nicht ausreichende Wirksamkeitsnachweise. Das gilt auch für Studien, deren primäres Anliegen nicht der Beleg der Effizienz (= Efficacy) von Gesprächspsychotherapie bei einem bestimmten Störungsbild war, sondern die Beantwortung klinisch relevanter Fragestellungen. Eine

---

[7] Wesentliche Textteile dieses Abschnitts basieren auf einem unveröffentlichten, von Jochen Eckert und Detlev Haimerl verfassten Manuskript zum Thema evidenzbasierte Psychotherapie. Der Ko-Autor D.H. hat sich freundlicherweise mit einer Verwertung des Textes an dieser Stelle einverstanden erklärt.

Auswahl von neun dieser Fragestellungen und deren Belege behandeln wir im Folgenden[8].

10.3.1 Ist bei phobischen Erkrankungen Verhaltenstherapie im Vergleich mit Gesprächspsychotherapie wirksamer?

In dem Maße, in dem die Verhaltenstherapie in Deutschland Verbreitung fand, verbreiteten sich unter Psychotherapeuten und überweisenden Ärzten auch klinische Faustregeln wie die, dass für die Behandlung von Phobien eine Verhaltenstherapie die am besten geeignete Therapie sei. Ein Hauptgrund dafür war die Symptomorientierung der Verhaltenstherapie und die sich daraus ergebende Forschungsmethodik. Während Verhaltenstherapeuten reihenweise Wirksamkeitsstudien bei Patienten mit einer bestimmten Symptomatik, z. B. Phobien mit und ohne Panikstörung, vornahmen, verzichteten gesprächspsychotherapeutische Forscher als Vertreter eines nicht-symptomorientierten Verfahrens lange Zeit auf die Untersuchung von Patienten, die im Hinblick darauf selektiert wurden, dass sie unter der gleichen Symptomatik litten. Zwar war aus Supervisionsgruppen und anderen Quellen bekannt, dass Patienten mit Phobien auch mit Gesprächspsychotherapie erfolgreich behandelt worden waren, doch es fehlten fundierte Belege.

Vor diesem Hintergrund führten Grawe (1976) und Plog (1976) eine vergleichende Therapiestudie durch, die die Kriterien der *Evidenzstufe Ib* erfüllte: Es handelte sich um eine komparative Effektivitätsstudie zur Wirksamkeit der Gesprächspsychotherapie im Vergleich zur (Breitband-)Verhaltenstherapie bei der Behandlung von Patienten mit langjährig bestehenden Phobien (mehrheitlich Agora- und Sozialphobien) unter Einbeziehung einer (nervenärztlich weiterbehandelten) Kontrollgruppe.

---

[8] Alle hier (Kap.10.3.1 bis 10.3.9) referierten Studien haben zwar einen hohen Evidenzgrad, sie wurden aber dennoch aus jeweils unterschiedlichen methodischen Einwänden vom G-BA nicht als Beleg für den medizinischen Nutzen der Gesprächspsychotherapie anerkannt.

Studienaufbau: Untersucht wurde neben der Wirksamkeit der beiden Verfahren auch die Frage, ob die unterschiedlichen Therapieverfahren auch zu qualitativ unterschiedlichen Therapieprozessen und -effekten führen.

Die Effekte der Psychotherapien wurden mehrdimensional über Prä-Post-Vergleiche der Daten aus standardisierten testdiagnostischen Verfahren und symptombezogenen Selbst- und Fremdeinschätzungen sowie den Medikamentenverbrauch kontrolliert und die Stabilität der Effekte durch eine katamnestische Erhebung nach 4 Monaten untersucht. Die Effekte beziehen sich auf Daten von je 18 Patienten in den Untersuchungsgruppen und 17 Patienten in der Kontrollgruppe. Die Dauer der ambulant durchgeführten Therapien war auf 30 Stunden begrenzt.

> **Wesentliche Ergebnisse der Studie**
>
> Ergebnisse des Vergleichs der Behandlungsergebnisse von Gesprächspsychotherapie und Verhaltenstherapie bei Patienten mit Phobien
>
> - Gesprächspsychotherapie ist im Kontrollgruppenvergleich therapeutisch wirksam.
> - Gesprächspsychotherapie und Verhaltenstherapie unterscheiden sich nicht im Ausmaß der erreichten Symptom-Reduktionen.
> - Es bestehen verfahrensspezifische differentielle Effektunterschiede, und es ließen sich *differentielle Indikationskriterien* ermitteln: Gesprächspsychotherapeutisch behandelte Patienten sehen ihre Phobie in Zusammenhang mit ihren Lebensbedingungen und orientieren sich bei der Bewertung ihrer Therapieergebnisse nicht wie die verhaltenstherapeutisch behandelten Patienten vorrangig an der Reduktion ihrer Symptomatik, sondern an der Verbesserung ihrer gesamten Befindlichkeit. Im Unterschied zur Verhaltenstherapie bewirkte Gesprächspsychotherapie einen Anstieg der internalen Kontrollüberzeugungen der Patienten, die damit auch an persönlicher Entscheidungs- und Wahlfreiheit gewannen.

10.3 Klinisch belegte und empirisch gestützte Wirksamkeit

- Gesprächspsychotherapie erzielte ihre Wirkung vornehmlich bei den Patienten, die an der Reflexion von Zusammenhängen zwischen ihrem Krankheitszustand und ihren persönlichen Lebensbedingungen interessiert waren, Verhaltenstherapie vor allem bei Patienten mit starken Phobien und ausgeprägtem symptombezogenen Leidensdruck.
- Die zu Behandlungsabschluss erreichten Effekte und verfahrensspezifischen Veränderungsmuster haben (mittelfristig) Bestand, wobei sich die gesprächspsychotherapeutisch induzierten Ergebnisse, nicht aber die verhaltenstherapeutisch induzierten Ergebnisse, katamnestisch teilweise weiter verbesserten.

Diese Studie war eine der ersten im deutschsprachigen Raum, die empirisch belegte, dass sich verschiedene Therapieverfahren nicht bedeutsam im Ausmaß der erzielten Reduzierung der jeweiligen Leitsymptomatik unterscheiden, wohl aber in der Art und Weise, wie diese Effekte zustande kommen und wahrgenommen werden. Ein Jahr zuvor wurde von solchen Ergebnissen erstmals durch eine von Luborsky et al. (1975) vorgelegte Meta-Analyse von Therapievergleichsstudien berichtet. Die Autoren fanden, dass die Feststellung des Dodo-Bird-Verdikts aus »Alice in Wonderland«, dass es nach einem Wettlauf der Tiere nur Sieger, aber keine Besiegten gibt, offenbar auch in Bezug auf die Wirksamkeit der am häufigsten angewandten Therapieverfahren zutrifft: »Everybody has won and all must have prizes«.

Das Ergebnis, dass Gesprächspsychotherapie und Verhaltenstherapie die Leitsymptomatik »Phobie« in vergleichbarem Umfang reduzieren, lässt aber nicht den Schluss zu, dass es im Hinblick auf die Behandlung einer Phobie egal ist, ob ein phobischer Patient gesprächspsychotherapeutisch oder verhaltenstherapeutisch behandelt wird. Der individuelle Therapieerfolg hängt nicht nur von der »Art der Störung« und dem »angewandten Psychotherapieverfahren« ab, sondern auch noch von mindestens zwei weiteren gewichtigen Faktoren: Der »Person des Therapeuten« und der »Person des Patienten«. Ausschlaggebend für den Therapieerfolg ist nach dem Therapiemodell von Orlinsky und Howard (1987) das Zusammenspiel bzw. die »Passung« (vgl. »Die vier Passungen des Allgemeinen Modells von Psychotherapie« in Eckert et al. 2012, S. 179 ff.) zwischen diesen vier Faktoren:

- dem angewandten Behandlungsmodell
- der Art der Störung
- der Person des Therapeuten
- der Person des Patienten

Ein phobischer Patient, der einen Therapeuten aufsucht in der Erwartung, ohne irgendeine »Nabelschau«, z. B. in Form einer Aufarbeitung der Beziehung zu seinen Eltern, von dem Symptom befreit zu werden, wird sicherlich eher von einer Verhaltenstherapie als von einer Gesprächspsychotherapie profitieren. Umgekehrt wird ein phobischer Patient, dem es wichtig ist, zu verstehen, wieso gerade er sich mit einem so lästigen Symptom herumquälen muss, vermutlich eher von einer Gesprächs- als von einer Verhaltenstherapie profitieren. Für beide Patienten gilt aber auch: Wenn sie ihren jeweiligen Therapeuten unsympathisch finden, ihm eine erfolgreiche Behandlung nicht zutrauen, hilft ihnen auch das für sie geeignetere Therapieverfahren nicht oder nur wenig.

10.3.2 Werden Gesprächspsychotherapien von Phobien durch Einsatz verhaltenstherapeutischer Techniken (Reizkonfrontation) wirksamer?

Der Einsatz von Reizkonfrontationsverfahren bei der Behandlung von Phobien gilt wegen der hohen Effizienz bei den Patienten, die einer solchen Behandlung zustimmen, als Methode der Wahl. Daher ist die Überlegung naheliegend, dass sich eine Kombination von Gesprächspsychotherapie mit Reizkonfrontationsbehandlung von Phobikern als wirksamer erweisen könnte als eine ausschließlich gesprächspsychotherapeutische Behandlung.

Es gibt aber auch die These, dass der additive Einsatz von Behandlungselementen aus verschiedenen Therapiekonzepten eher ungünstig ist.

Bei einer von Teusch et al. (1997) durchgeführten Studie handelt es sich um eine komparative Effektivitätsstudie zur Wirksamkeit der Gesprächspsychotherapie im stationären Setting mit und ohne Reizkonfrontation bei Patienten mit medikamentös langjährig erfolglos behandelten Angst- bzw. Panikstörungen (DSM-III-R 300.21), z.T. mit komorbiden psychischen Störungen. Der Evidenzgrad der Studie wird mit Ib angegeben.

Studienaufbau: Die Effekte der jeweils manualisierten Behandlungsvarianten wurden multidimensional über Prä-Post-Vergleiche der Daten aus standardisierten testdiagnostischen Verfahren und aus störungsspezifischen klinischen Interviews sowie in 3-, 6- und 12-Monats-Katamnesen kontrolliert. Sie beziehen sich auf eine Stichprobe von 20 Patienten pro Untersuchungsgruppe. Die Dauer der stationären Therapie betrug durchschnittlich 10–12 Wochen.

Wesentliche Ergebnisse der Studie

Vergleich der Ergebnisse der Behandlung von Patienten mit Angst- bzw. Panikstörungen mit Gesprächspsychotherapie und einer Kombination von Gesprächspsychotherapie und Reizkonfrontationstherapie

- Gesprächspsychotherapie führt unter beiden Therapiebedingungen zu signifikanten Verbesserungen bei Behandlungsabschluss in den Bereichen Angst, Vermeidungsverhalten und depressive Symptome (ohne Therapieabbrüche!).
- Schon kurze Zeit nach Behandlungsende sind die Ergebnisse einer Gesprächspsychotherapie ohne Reizkonfrontation den Effekten der Kombinationstherapie auch im Hinblick auf die aktive Angstbewältigung und die Verbesserung der agoraphobischen Symptome gleich.
- Die unter beiden Therapiebedingungen bei Behandlungsabschluss erreichten positiven Effekte haben (mittelfristig) Bestand. Zum Teil sind in der Katamnese weitere Verbesserungen in der Symptomatik festzustellen.

> - In Abhängigkeit von der Behandlungsvariante ergeben sich differentielle Effekte: Gesprächspsychotherapie ohne Reizkonfrontation bewirkt im Vergleich zur Kombinationsbehandlung stärkere Verbesserungen in wichtigen Persönlichkeitsbereichen.

Die Kritik an dieser Studie besteht vor allem darin, dass die Behandlungen stationär auf einer Psychotherapiestation erfolgt sind, wo neben der Psychotherapie auch noch andere unkontrollierte bzw. unkontrollierbare Einflüsse wie die therapeutische Gemeinschaft, Sport, Ergotherapie u. a. zum Behandlungsergebnis beitragen.

Dass die Patienten zum Zeitpunkt der drei Katamnesen nicht mehr in stationärer Behandlung waren und die zum Entlassungszeitpunkt erzielten Behandlungsergebnisse erhalten blieben bzw. noch verbessert werden konnten, kann als starker Hinweis auf die Wirksamkeit der im stationären Rahmen angewandten Psychotherapie angesehen werden.

Aus der Studie ergeben sich keine Hinweise, dass eine um andere Methoden erweiterte Gesprächspsychotherapie zu einem besseren Therapieergebnis führt.

10.3.3 Wenn die Therapiedauer auf 30 Sitzungen begrenzt ist: Wie unterscheidet sich die Wirksamkeit einer Gesprächspsychotherapie von einer psychoanalytischen Fokaltherapie?

Der Bedarf an psychotherapeutischen Behandlungen stieg in den 70er-Jahren des vorigen Jahrhunderts merklich an und mit ihm das Interesse an kurzen kostengünstigen Psychotherapien. Vor diesem Hintergrund wurde im Rahmen der klassischen Psychoanalyse von Michael Balint die »Fokaltherapie« (Balint et al. 1973) als Kurzzeittherapiemethode entwickelt.

Der Psychoanalytiker und Psychotherapieforscher Adolf-Ernst Meyer wollte nicht nur die Wirksamkeit dieser Therapiemethode überprüfen, sondern auch untersuchen, wie diese im Vergleich zu einer Gesprächspsychotherapie wirkt (1981).

Meyer et al. (1981) führten ein umfangreiches von der Deutschen Forschungsgemeinschaft (DFG) gefördertes, Langzeit-Projekt durch zum Vergleich der Ergebnisse und der Prozessbedingungen von zeitlich limitierten ambulanten Gesprächspsychotherapien und psychoanalytischen (psychodynamischen) Fokaltherapien bei Patienten mit neurotischen (vorwiegend affektiven) und psychosomatischen Störungen unter Einbeziehung von zwei verfahrensspezifischen Kontrollgruppen. Die Studie entspricht den Kriterien der *Evidenzstufe Ib*.

Studienaufbau: Die Effekte der Psychotherapien wurden multidimensional über Prä-Post-Vergleiche der Daten aus standardisierten testdiagnostischen Verfahren und klinischen Ratings kontrolliert. Zusätzlich erfolgten Langzeitbeobachtungen in Form von katamnestischen Untersuchungen nach 3, 9 und 12 Monaten sowie 3 und 12 Jahren. Die Datenanalyse bezieht sich auf eine Stichprobe von insgesamt 68 den Behandlungs- bzw. Kontrollgruppen randomisiert zugewiesenen Patienten (22 Patienten in Gesprächspsychotherapie und 12 in der Wartegruppe sowie 21 Patienten in Analytischer Fokaltherapie und 13 in der Wartegruppe). Die Therapiedosis war auf maximal 30 ambulante Kontakte begrenzt.

> **Wesentliche Ergebnisse der Studie**
>
> **Vergleich der Ergebnisse von Gesprächspsychotherapie und psychodynamischer Kurztherapie (Fokaltherapie)**
>
> - Beide Therapieverfahren sind im Vergleich mit einer unbehandelten Kontrollgruppe wirksam.
> - Im Kontrollgruppen-Vergleich erreichte die Gesprächspsychotherapie eine (geringfügig) bessere Wirkung als die psychoanalytische Fokaltherapie.
> - Im direkten Effektivitäts-Vergleich der Behandlungsgruppen ergaben sich summarisch keine signifikanten Unterschiede.
> - Qualitative Unterschiede:
>   a. Gesprächspsychotherapie-Patienten erreichten mehr Veränderungen im Bereich von Persönlichkeitsmerkmalen und sozialen

> Beziehungen, Analyse-Patienten mehr Einsicht in die Psychodynamik ihrer Störungen.
> b. Gesprächspsychotherapie erreichte einen besonderen »Effektivitätsvorsprung« bei Patienten, die über ein stärkeres Ausmaß an affektiven Störungen klagten und sich in den psychodiagnostischen Verfahren als »High-Scorer« erwiesen.
> - Die zu Behandlungsabschluss erreichten Veränderungen und die verfahrensspezifischen Veränderungsmuster bzw. Effektdifferenzen haben mittel- und langfristig Bestand.

Da sich bei einer Reihe der psychoanalytischen Behandlungen der gewählte Fokus nicht im erforderlichen Umfang bearbeiten ließ, wurde der Begriff der *Fokaltherapie* durch den der *psychoanalytischen Kurztherapie* ersetzt.

Das Studiendesign galt zum Zeitpunkt der Planung der Studie als vorbildlich für eine Therapievergleichsuntersuchung. A.-E. Meyer wurde 1992 für diese Studie mit dem Forschungspreis der Society for Psychotherapy Research (SPR) ausgezeichnet. Heute würde man u. a. zur Erfassung der therapeutischen Effekte änderungssensitivere Messinstrumente einsetzen als das »Freiburger Persönlichkeitsinventar« (FPI) und vermutlich auch die Stichprobe in diagnostischer Hinsicht homogenisieren. Von psychoanalytischer Seite kam der Einwand, dass die an der Studie beteiligten Psychoanalytiker im Vergleich zu den Gesprächspsychotherapeuten weniger erfahren in der Durchführung von Kurztherapien waren. Das Handicap der teilnehmenden Gesprächspsychotherapeuten bestand im Umfang und in der Qualität ihrer Therapieausbildung: Während die teilnehmenden Psychoanalytiker eine langjährige systematische Ausbildung an einem psychoanalytischen Ausbildungsinstitut absolviert hatten, hatten die Gesprächspsychotherapeuten ihre Kenntnisse überwiegend autodidaktisch erworben. An dem Projekt nahm kein Gesprächspsychotherapeut teil, der nach den erst 1972 verabschiedeten für Deutschland verbindlichen Ausbildungsrichtlinien ausgebildet worden war (GwG 1972).

Viele Psychoanalytiker bezweifelten damals – und manche tun es heute noch – die Ergebnisse dieser Studie, denn die Studienergebnisse stellten die vermutete Überlegenheit psychoanalytischer Behandlungskonzepte gegenüber anderen Ansätzen in Frage. Die Zweifel wären auch berechtigt, wenn es sich um ein singuläres Ergebnis handeln würde.

Wie oben bereits berichtet (▶ Kap. 10.3.1), hatten aber Luborsky, Singer und Luborsky schon 1975 nach einer Metaanalyse vergleichender Therapiestudien das Resümee gezogen, dass es kein Therapieverfahren gibt, dessen Wirksamkeit generell besser ist als die aller anderen, und dieses Ergebnis als Dodo-Bird-Effekt bezeichnet. In der derzeit neuesten Ausgabe des Handbook of Psychotherapy and Behaviour Change kann man nachlesen, dass das seitdem sogenannte Dodo-Bird-Verdikt bis heute nicht widerlegt ist (Lambert 2013, S. 196).

10.3.4 Behandlungsergebnisse einer zeitlich limitierten emotionsfokussierten Psychotherapie bei der Behandlung von Traumafolgestörungen

Zu den konzeptuellen Weiterentwicklungen im Rahmen des Klientenzentrierten Ansatzes gehört die Emotionsfokussierte Psychotherapie (EFT) (Greenberg et al. 2014). Im Vergleich zur klassischen Gesprächspsychotherapie ist das therapeutische Vorgehen sehr viel strukturierter und zielgerichteter auf die Veränderung maladaptiver emotionaler Prozesse gerichtet.

Ein inzwischen gut erforschter Anwendungsbereich für EFT ist die Behandlung von Traumafolgestörungen. Eine der ersten Arbeiten dazu haben Paivio und Nieuwenhuis (2000) vorgelegt. Es handelt sich um eine Effektivitätsstudie zur Wirksamkeit ambulanter Gesprächspsychotherapie in Form der »Emotionsfokussierten Therapie« bei Patienten mit Anpassungsstörungen nach schweren Belastungen (frühkindliche traumatisierende sexuelle Missbrauchserfahrungen: ICD-10 F43.1) unter Einbeziehung einer Kontrollgruppe. Die Studie entspricht den Kriterien der *Evidenzstufe Ib*.

Studienaufbau: Die Effekte der Therapie wurden multidimensional über Prä-Post-Vergleiche der Daten aus standardisierten testdiagnostischen Verfahren und klinischen Ratings sowie katamnestischen Erhebungen 9 Monate nach Behandlungsabschluss kontrolliert. Sie beziehen sich auf eine Stichprobe von 19 Patienten in der Untersuchungsgruppe und 13 Patienten in einer später ebenfalls mit EFT behandelten Eigen-Warte-Gruppe, also insgesamt 32 Patienten. Die Dauer der (manualisierten) Therapie betrug 20 Stunden.

> **Wesentliche Ergebnisse der Studie**
>
> Ergebnisse zur Wirksamkeit von Emotionsfokussierter Psychotherapie bei Traumafolgestörungen
>
> - Gesprächspsychotherapie erweist sich im Kontrollgruppenvergleich als therapeutisch wirksam.
> - Patienten der Kontrollgruppe erreichten in der Wartephase keine Veränderungen, in der späteren Therapiephase ähnliche Verbesserungen wie die Patienten der ursprünglichen Untersuchungsgruppe.
> - Die bei Behandlungsabschluss erreichten Effekte haben mittelfristig – über ein Jahr – Bestand.

Diese Untersuchungsergebnisse konnten in Folgeuntersuchungen mit größeren Fallzahlen bestätigt werden. Das konkrete therapeutische Vorgehen in der Praxis beschreiben Paivio und Pascual-Leone (2013) in einer Monografie.

Ob EFT im Vergleich zur klassischen Gesprächspsychotherapie generell nicht nur effektiver, sondern auch ökonomischer ist, kann derzeit noch nicht mit Sicherheit beantwortet werden. Möglicherweise gilt auch für diesen Vergleich das Dodo-Bird-Verdikt.

10.3.5 Zur Wirksamkeit zusätzlicher Medikation bei Patienten mit einer Borderline-Persönlichkeitsstörung

Es gibt kein Psychopharmakon zur Behandlung von Persönlichkeitsstörungen. Patienten mit dieser Störung können aber Symptome, z. B. eine Depression oder Angstsymptome, entwickeln, die sich in der Regel medikamentös gut behandeln lassen. Daher liegt die Vermutung nahe, dass die mit Medikamenten zu erzielende Entlastung förderlich für das Gesamtergebnis einer Gesprächspsychotherapie ist. Dieser Fragestellung sind Teusch et al. (2001) in einer empirischen Studie nachgegangen.

Es handelt sich dabei um eine komparative Effektivitätsstudie zur Wirksamkeit von stationärer Gesprächspsychotherapie mit und ohne zusätzliche Medikation (meist Antidepressiva, zum Teil kombiniert mit Tranquilizern; Angaben zu den eingesetzten Medikamenten und zur Dosierung: s. Studie) bei Patienten mit Persönlichkeitsstörungen (ICD-10: F60, F61), bei zum Teil vorliegender Komorbidität mit depressiven Störungen, Angststörungen oder Essstörungen. Sie erfüllt die EbM-Kriterien der *Evidenzstufe IIb*.

Studienaufbau: Geprüft wird die Wirksamkeit von Gesprächspsychotherapie im stationären Setting bei der Behandlung von Persönlichkeitsstörungen im Vergleich mit einer Kombinationsbehandlung von Gesprächspsychotherapie und medikamentöser Behandlung.

Die Behandlungsergebnisse wurden über standardisierte Prä-Post-Vergleiche der Daten aus verschiedenen Messverfahren sowie über eine katamnestische Erhebung 12 Monate nach Behandlungsabschluss kontrolliert. Sie beziehen sich auf eine Stichprobe von 96 Gesprächspsychotherapie-Patienten ohne bzw. 46 Gesprächspsychotherapie-Patienten mit zusätzlicher Medikation. Die Dauer der stationären Behandlung betrug durchschnittlich 10–16 Wochen.

> **Wesentliche Ergebnisse der Studie**
>
> Ergebnisse einer gesprächspsychotherapeutischen Behandlung von Patienten mit Persönlichkeitsstörungen mit und ohne zusätzliche medikamentöse Behandlung

- Gesprächspsychotherapie führt zu signifikanten Verbesserungen im Hinblick auf Depression, Selbstwertgefühl und soziale Anpassung bei Behandlungsabschluss im Vergleich zum Behandlungsbeginn.
- Die erreichten positiven Effekte bleiben im Katamnesezeitraum erhalten.
- Die zusätzliche Gabe von Medikamenten scheint keinen substantiellen Beitrag zu einer Verbesserung der psychotherapeutischen Behandlungsergebnisse leisten zu können.

Das Ergebnis, dass die Kombination von Psycho- und medikamentöser Therapie keinen zusätzlichen Nutzen erbringt, steht im Einklang mit klinischen Erfahrungen und neueren Studien (Stoffers und Lieb 2011).

10.3.6 Zur Wirksamkeit einer auf 12 Sitzungen zeitlich limitierten Gesprächspsychotherapie bei Anpassungsstörungen

Jemand, der vom Auftreten einer akuten psychischen Beeinträchtigung in Form einer Anpassungsstörung (ICD-10 F43.2) überrascht wird, hat häufig auch die Vorstellung bzw. Hoffnung, dass man diese schnell wieder beheben könne. Auch unter störungstheoretischen Gesichtspunkten ist bei plötzlich auftretenden Symptomen mit einer kürzeren Behandlungsdauer zu rechnen als bei Störungen, die schon längere Zeit vorliegen und deren Ursachen auf ungelöste frühkindliche Erfahrungen bzw. auf früh erworbene maladaptive Verhaltensmuster zurückgeführt werden.

Es gilt als klinisch gesichertes Wissen, dass eine Begrenzung der Therapiedauer für die allermeisten Patienten eine den Therapieerfolg begünstigende Maßnahme darstellt. Dieser Tatsache wird vor allem in der stationären Psychotherapie Rechnung getragen.

Diesen Fragestellungen gingen in einer empirischen Studie Altenhöfer et al. (2007) im ambulanten Bereich nach. Sie führten eine *Effektivitätsstudie* zur Wirksamkeit zeitlich limitierter Gesprächspsychotherapie bei Patienten mit Anpassungsstörungen (ICD-10 F43.2) unter Einbeziehung einer Kontrollgruppe durch. Die *Evidenzstufe* der Studie ist *Ib*.

Studienaufbau: Es sollte untersucht werden, ob und bei welchen Patienten mit einer Anpassungsstörung eine auf 12 Sitzungen limitierte Gesprächspsychotherapie ein ausreichendes Behandlungsangebot darstellt.

Die Studie wurde ausnahmslos in den Praxen niedergelassener Psychotherapeuten durchgeführt.

Die *Effekte* der Gesprächspsychotherapie wurden multidimensional über Prä-Post-Vergleiche der Daten aus diagnostischen Ratingverfahren (u. a. Teile der Psy-BaDo nach Heuft und Senf 1998) und auf das Störungsbild abgestimmten standardisierten psychodiagnostischen Testverfahren sowie eine katamnestische Erhebung nach drei Monaten kontrolliert. Sie beziehen sich auf eine *Stichprobe* von 31 Patienten in der Untersuchungsgruppe und 19 Patienten in der Kontrollgruppe (Eigen-Warte-Gruppe). Die *Dauer* der Gesprächspsychotherapie war auf 12 Sitzungen begrenzt.

Die Therapeuten waren gehalten, ihr gesprächspsychotherapeutisches Vorgehen nach einem für dieses Störungsbild entwickelten *Behandlungs-Leitfaden* auszurichten.

Wesentliche Ergebnisse der Studie

Effekte einer auf 12 Stunden limitierten Gesprächspsychotherapie

- Eine zeitlich limitierte Gesprächspsychotherapie ist nach gruppenstatistischen Vergleichen von Behandlungs- und Kontrollgruppe therapeutisch wirksam.
- Die erreichten Veränderungen liegen im Bereich mittlerer Effektstärken und z. T. deutlich darüber.
- Auf der individuellen Ebene verbesserten sich die Gesprächspsychotherapie-Patienten (mit einer Ausnahme) im Gegensatz zu den Patienten der Wartegruppe in den Kriterien aller Erhebungsinstrumente klinisch und statistisch signifikant.
- Die Effekte am Ende der Behandlung bleiben im dreimonatigen Katamnesezeitraum erhalten.

Obwohl die Nachuntersuchung 3 Monate nach Therapieabschluss die Stabilität der Therapieergebnisse zu belegen schien, war damit noch nicht die Frage beantwortet, welche *Langzeiteffekte* erzielt werden konnten. Das wurde von Gorschenek et al. (2008) zwei Jahre nach Abschluss der Behandlungen untersucht. Es konnten 35 von 40 der behandelten Patienten katamnestisch untersucht werden, d. h. die Rücklaufquote betrug erfreuliche 88 %. Von diesen 35 Patienten hatten 10 (= 35 %) während des Katamnesezeitraums eine weitere psychotherapeutische Behandlung aufgenommen. Da die Nachuntersuchung schriftlich erfolgte, konnte nicht mit der notwendigen Sorgfalt der Frage nachgegangen werden, ob die erneute bzw. weitere Behandlung aus denselben Gründen erfolgte wie die Erstbehandlung. Daher wurden nur die Patienten in die Nachuntersuchung aufgenommen, die ohne weitere Behandlung geblieben waren. Die Ergebnisse waren eindeutig: Die nach 12 Sitzungen erzielte Symptomreduktion ist auch zwei Jahre nach Beendigung der Behandlung noch erhalten, womit auch die Untersuchungsfragestellung beantwortet werden kann: Bei zwei Drittel der Patienten, die wegen einer Anpassungsstörung um psychotherapeutische Hilfe nachsuchen, ist eine auf 12 Therapiesitzungen limitierte Gesprächspsychotherapie auch langfristig ausreichend hilfreich.

10.3.7 Ist Gesprächspsychotherapie ein ressourcenförderndes Verfahren?

Schon lange haben Kliniker beobachtet und Meta-Analysen empirischer Wirksamkeitsstudien belegt, dass die durch Gesprächspsychotherapien am Behandlungsende erzielten Veränderungen stabil, d. h., auch noch nach einem oder mehr als einem Jahr nachweisbar sind (Elliott und Freire 2010).

Zu einem vergleichbaren Ergebnis kam auch Frohburg (2004), die einen systematischen Überblick über die Ergebnisse katamnestischer Untersuchungen im Bereich Gesprächspsychotherapie bei Erwachsenen vorgelegt hat. Diese Studie erfüllt die Kriterien der *EbM-Stufe IIa*.

Studienaufbau: Eine Langzeitwirkung zeigt sich darin, dass nicht nur die im Behandlungszeitraum erzielten positiven Veränderungen erhalten bleiben, sondern dass darüber hinaus im Katamnesezeitraum weitere positive Veränderungen zu verzeichnen sind.

Es konnten 40 empirische Studien ermittelt werden, die katamnestische Angaben von ca. 2000 gesprächspsychotherapeutisch behandelten Patienten enthalten und die zum Teil Vergleiche mit den Ergebnissen anderer Psychotherapieverfahren ermöglichen. Die Analyse der Studien erfolgte unter besonderer Berücksichtigung von klinisch relevanten Merkmalen der behandelten Patienten-Gruppen und der Behandlungsbedingungen sowie der Untersuchungsmethodik und der Erfolgskriterien, die deskriptiv und zusammenfassend in einer tabellarischen Übersicht dargestellt werden.

> **Wesentliche Ergebnisse der Studie**
>
> **Ergebnis der Untersuchung zur Langzeitwirkung von Gesprächspsychotherapie**
>
> Als Ergebnis der Analyse können positive Langzeiteffekte bei Patienten aus unterschiedlichen Indikationsbereichen und nach unterschiedlichen Behandlungsbedingungen als belegt gelten, d. h., die Therapieeffekte sind stabil, der »Therapiegewinn« bleibt erhalten. Wie vermutet, lassen sich zusätzliche positive »Späteffekte« im Katamnesezeitraum nachweisen. Sie scheinen ein besonderes Charakteristikum von Gesprächspsychotherapien zu sein.

Wie erklärt sich dieses »Charakteristikum Langzeitwirkung«? Folgt man den Ausführungen von Eckert (2013), dann handelt es sich bei einer Gesprächspsychotherapie – dem ihr zugrundeliegenden Menschenbild und ihrer Therapietheorie entsprechend – um ein genuin ressourcenorientiertes Vorgehen (vgl. Schaller und Schemmel 2013), das die Möglichkeiten von Patienten freisetzt, eigene Einsichten und Wege zu finden. Wenn das im therapeutischen Prozess gelingt, dann werden weitere positive Veränderungen nach Abschluss der Behandlung möglich.

10.3.8 Kann eine differentielle Therapieindikation einen Therapiewechsel verhindern?

Schon 1976 hatten Grawe und Plog (▶ Kap. 10.3.1) in ihrer Therapievergleichsstudie aufgrund der Unterschiede in der Wirksamkeit von Gesprächspsychotherapie und Verhaltenstherapie eine differentielle Therapieindikation gefordert, weil nicht jeder Patient gleich gut auf jedes therapeutische Angebot anspricht. Es kann davon ausgegangen werden, dass erfolglose Therapien und Therapieabbrüche dadurch zustande kommen, dass Patienten mit einem für sie nicht adäquaten Verfahren behandelt werden. Dieser Möglichkeit sind Eckert et al. (2004) in einer retrospektiven Untersuchung von Patienten nachgegangen, die aus einer nicht erfolgreich abgeschlossenen sog. Richtlinientherapie (= krankenkassenfinanzierte Behandlung) in eine Gesprächspsychotherapie gewechselt waren und diese erfolgreich abgeschlossen hatten. Die Studie erfüllt die *Evidenzkriterien* der *Stufe III*.

Studienaufbau: Rund 30 % aller Patienten, die eine Psychotherapie aufsuchen, haben bereits eine psychotherapeutische Behandlung in der Vorgeschichte. Die Gründe dafür werden in unzureichenden Passungen i. S. des Allgemeinen Modells für Psychotherapie (AMP) von Orlinsky und Howard (1987) vermutet, was in der vorliegenden Studie untersucht werden sollte.

In Stichprobe I wurden Therapeuten, die einen Therapiewechsler erfolgreich behandelt hatten, gebeten, Angaben zum Patienten und zu den Gründen für den Wechsel zu machen.

Die genannten Begründungen wurden dann von neutralen Ratern Kategorien zugeordnet, wie sie sich aus dem AMP ergeben, z. B. die therapeutische Beziehung oder das Behandlungsmodell des Therapeuten. Diese Ergebnisse wurden mit den in einer anderen Stichprobe (II) erhobenen Ergebnissen verglichen. In dieser Stichprobe waren die Patienten von neutralen Untersuchern ausführlich nach ihren Begründungen für den Wechsel befragt worden.

Der Vergleich von Therapeuten- und Patienteneinschätzungen ergab eine hinreichende Übereinstimmung.

> **Wesentliche Ergebnisse der Studie**
>
> Ergebnisse der Untersuchung der Gründe für einen Therapiewechsel
>
> Die Ergebnisse dieser Studie stützen die Annahme, dass Gesprächspsychotherapie für eine Reihe von Patienten eine geeignete Behandlungsalternative darstellt. Eine differentielle Indikationsstellung auf der Grundlage des AMP scheint geeignet zu sein, die Anzahl der nicht erfolgreich abgeschlossenen Psychotherapien zu reduzieren.

10.3.9 Wirksamkeit von Psychotherapie in der klinischen Routineversorgung im englischen Gesundheitssystem: Ein Vergleich von Gesprächspsychotherapien mit kognitiv-behavioralen und psychodynamischen Therapien

Wie wirksam ist Gesprächspsychotherapie im Vergleich mit anderen Therapieverfahren in der psychotherapeutischen Versorgungspraxis? Dazu haben Stiles et al. (2006) eine komparative Effektivitätsstudie in Form einer Feldstudie vorgelegt. Sie untersuchten die Wirksamkeit von Gesprächspsychotherapie im Vergleich mit kognitiv-behavioraler und psychodynamischer Psychotherapie jeweils mit bzw. ohne Ergänzungen (z. B. durch Kunsttherapie, supportives Vorgehen) bei Patienten mit unterschiedlichen psychotherapierelevanten Diagnosen aus 58 ambulanten klinischen Versorgungseinrichtungen in England. Die EbM-*Evidenzstufe* wird mit *IIb* angegeben.

Studienaufbau: In dieser Feldstudie sollten sowohl die generelle Wirksamkeit von Psychotherapie bei der Behandlung von psychotherapie-indikativen Störungen im britischen Versorgungskontext geprüft werden als auch mögliche Wirksamkeitsunterschiede bei den untersuchten Psychotherapieverfahren.

Die Effekte der Psychotherapien wurden über multidimensionale Prä-Post-Vergleiche verschiedener klinischer und standardisierter testdiagnostischer Daten, Selbsteinschätzungen von Patienten und über den

Medikamentenverbrauch kontrolliert und beziehen sich auf Daten einer im Verlauf von drei Jahren anfallenden Stichprobe von insgesamt 1 309 Patienten, davon 581 in gesprächspsychotherapeutischer Behandlung. Die Dauer der Therapien betrug durchschnittlich 6–9 Stunden.

> **Wesentliche Ergebnisse der Studie**
>
> Ergebnisse der vergleichenden Feldstudie
>
> - Gesprächspsychotherapie ist in gleichem Maße effektiv wie Kognitiv-behaviorale und Psychodynamische Psychotherapie.
> - Ergänzende Therapie-Methoden erhöhen die Effektivität der Gesprächspsychotherapie nicht.

Die Autoren werten ihre Ergebnisse als weiteren Beleg für das Äquivalenz-Paradoxon der Psychotherapie, auch »Dodo-Bird-Verdikt« genannt, nach dem Behandlungen trotz verfahrensspezifischer Theorien und Methoden quantitativ gleiche positive Resultate erzielen.

Auch in dieser Studie wird festgestellt, dass zusätzliche therapeutische Maßnahmen die Wirksamkeit einer Gesprächspsychotherapie nicht erhöhen.

10.3.10 Zusammenfassung

- Gesprächspsychotherapie ist bei phobischen Patienten im Hinblick auf die Reduktion der Angstsymptomatik genauso erfolgreich wie eine Breitbandverhaltenstherapie (▶ Kap. 10.3.1). Erwartungsgemäß lassen sich differentielle Effekte in der Wirksamkeit der beiden Verfahren feststellen.
- Theoretisch sinnvolle Ergänzungen einer gesprächspsychotherapeutischen Behandlung von Angstpatienten durch verhaltenstherapeutische Methoden (Reizkonfrontationen) erbringen keinen zusätzlichen Therapiegewinn (▶ Kap. 10.3.2).
- Eine auf 30 Stunden limitierte Gesprächspsychotherapie ist bei Patienten einer psychosomatischen Ambulanz mit psychotherapie-indikativen Störungen mindestens so wirksam wie eine maximal 30-

stündige psychoanalytische Kurztherapie (Fokaltherapie) (▶ Kap. 10.3.3).
- Die Wirksamkeitsprüfungen einer konzeptuellen Weiterentwicklung der Gesprächspsychotherapie, der Emotionsfokussierten Therapie (EFT), bei der Behandlung von Traumafolgestörungen fielen positiv aus. Eine Behandlungsdosis von 20 Sitzungen war ausreichend (▶ Kap. 10.3.4).
- Patienten mit Persönlichkeitsstörungen scheinen von einer stationären Gesprächspsychotherapie zu profitieren (▶ Kap. 10.3.5). Eine zusätzliche medikamentöse Behandlung verbessert das Behandlungsergebnis nicht.
- Eine auf der Grundlage von Leitlinien für die Behandlung von Anpassungsstörungen durchgeführte und auf 12 Sitzungen limitierte Gesprächspsychotherapie scheint ausreichend hilfreich zu sein; ihre Behandlungseffekte sind auch noch nach 2 Jahren stabil (▶ Kap. 10.3.6).
- Wiederholt wurde in einzelnen Wirksamkeitsstudien, aber auch metaanalytisch, der Nachweis erbracht, dass Gesprächspsychotherapie eine Langzeitwirkung haben kann: Die Therapieeffekte bleiben im Katamnesezeitraum nicht nur erhalten, sondern es kommt zu weiteren Verbesserungen (▶ Kap. 10.3.7). Das bestätigt die These, dass die Klientenzentrierte Psychotherapie ressourcenaktivierend ist.
- Eine groß angelegte Feldstudie über die Wirksamkeit verschiedener psychotherapeutischer Verfahren im Rahmen der Gesundheitsversorgung in England (▶ Kap. 10.3.9) ergab, dass sich Gesprächspsychotherapie, Kognitive Verhaltenstherapie und Psychodynamische Psychotherapie in ihrer Wirksamkeit nicht unterscheiden. In dem untersuchten Versorgungskontext erwies sich eine mittlere Behandlungsdosis von 6–9 Stunden als jeweils ausreichend.
Auch in dieser Studie wurde wieder die Gültigkeit des sog. *Dodo-Bird-Verdikts* bestätigt.
- Wichtig für die Praxis der Psychotherapie erscheinen die in der Untersuchung von Therapiewechslern (▶ Kap. 10.3.8) gefundenen Hinweise darauf, dass eine differentielle Indikationsstellung auf der Grundlage des Allgemeinen Modells für Psychotherapie (AMP) dazu beitragen könnte, die Abbruchraten von psychotherapeutischen Behandlungen zu senken.

11 Ausblick auf die Entwicklung der Gesprächspsychotherapie

Der Ausblick soll in zwei Richtungen gehen. Zum einen wird auf die Weiterentwicklungen des Rogers'schen Ansatzes hingewiesen und zum anderen auf die gesundheitspolitische Lage in Deutschland, die eine weitere Entwicklung der Gesprächspsychotherapie in hohem Maße behindert.

Wir haben schon in der Einleitung darauf hingewiesen, dass die Gesprächspsychotherapie in diesem Buch in ihrer ursprünglichen, von Carl Rogers entwickelten Konzeption dargestellt wird. Wir haben uns zu dieser Vorgehensweise entschlossen, weil sich die Darstellung des Klientenzentrierten Konzepts bei seinem Import nach Deutschland vor allem durch Tausch (1968; 1973), aber auch durch nachfolgende Autoren, wie Minsel (1974), auf die durch empirische Forschung bestätigten Aspekte der Therapietheorie beschränkte, während die von Rogers im Rahmen des Klientenzentrierten Konzepts entwickelten persönlichkeits-, entwicklungs- und störungstheoretischen Annahmen weitgehend unerwähnt und unberücksichtigt blieben.

Die Darstellung der Gesprächspsychotherapie durch Tausch (1973) beschränkt sich im Wesentlichen auf die Beschreibung der »Verhaltensmerkmale von Psychotherapeuten« (= »Therapeutenvariablen«), der »Änderungen bei Klienten durch Gesprächspsychotherapie« (= »Klientenvariablen«) und der »Prozessvorgänge bei Klienten in der Gesprächspsychotherapie« (= »Prozessmerkmale«) (Tausch 1973, S. 10). Dabei wurde Gesprächspsychotherapie verstanden als ein Interventionsmodell, in dem Therapeuten angehalten sind, die in Form von Skalen operationalisierten Aspekte der Therapeutischen Beziehung – Empathie, Bedingungsfreie Positive Beachtung und Kongruenz – als

»Verbalisierung emotionaler Erlebnisinhalte« (VEE), »Positive Wertschätzung und emotionale Wärme« und »Echtheit und Selbstkongruenz« in möglichst hohem Ausmaß zu »realisieren« mit dem allgemeinen Ziel, die »Selbstexploration« (SE) des Klienten als Ausdruck seiner Selbstempathie zu fördern.

Tausch hielt eine theoretische Fundierung des therapeutischen Handelns für entbehrlich (Behr et al. 2016, S. 25) und Persönlichkeitskonzepte, wie die Aktualisierungstendenz, für unwissenschaftlich (persönl. Mitteilung J. Kriz).

Leider hat diese reduktionistische Wiedergabe des Klientenzentrierten Konzepts das Bild der Gesprächspsychotherapie in der Öffentlichkeit sehr geprägt und zu Beschreibungen des Verfahrens wie dieser geführt: »Der Gesprächspsychotherapeut spiegelt die Äußerungen des Klienten mit eigenen Worten« oder »Gesprächstherapeuten behandeln alle Patienten gleich«.

Vor diesem Hintergrund sahen wir es als notwendig an, den Blick zurück auf alle, nämlich sowohl persönlichkeits- als auch entwicklungs-, therapie- und störungstheoretische Aspekte des Klientenzentrierten Ansatzes zu richten, wie sie von Rogers vorgestellt worden sind.

Wir haben uns auf den Versuch beschränkt, das ursprüngliche Konzept möglichst genau darzustellen, und aus Platzgründen darauf verzichtet, auch seine Weiterentwicklungen darzustellen. Sie sollen aber nicht verschwiegen und daher wenigstens kurz erwähnt werden. Vollständigere Darstellungen dieser Entwicklungen finden sich u. a. in den Lehrbüchern von Keil und Stumm (2002), Kriz und Slunecko (2007) und Stumm und Keil (2014). In die Reihe der konzeptuellen Weiterentwicklungen gehört sicherlich auch der Versuch von Kriz (2017), die theoretische Fundierung der Gesprächspsychotherapie mit dem heutigen Stand der Wissenschaftstheorie unter einer systemischen Perspektive in Einklang zu bringen.

Bei den Weiterentwicklungen lassen sich drei Richtungen unterscheiden: Erlebenszentrierte Methoden, Differenzielle Methoden und Erfahrungsaktivierende Methoden (Ärztliche Gesellschaft für Gesprächspsychotherapie (ÄGG) et al. 2004, S. 2).

1. Erlebenszentrierte Methoden: Focusing und Emotionsfokussierte Therapie (EFT)

Die Bezeichnung »erlebenszentriert« geht auf Eugene Gendlin, einen Mitarbeiter von Carl Rogers, zurück, der den von dem deutschen Philosophen Wilhelm Dilthey benutzten Begriff »Erleben« mit »experiencing« ins Englische übersetzte. Gendlin begründete die Focusing-Methode (Gendlin 1962, Gendlin und Wiltschko 2007).

> »Focusing bezeichnet eine bestimmte Art und Weise, mit dem eigenen, von innen gefühlten Körper in Beziehung zu treten« (Stumm et al. 2003, S. 117).

Focusing wird sowohl im Rahmen einer Gesprächspsychotherapie eingesetzt, z. B. um Blockaden im Selbstempathieprozess zu beheben, als auch als eigenständige Therapiemethode (Wiltschko 2002).

Eine weitere erlebenszentrierte Methode ist die »Prozess-Erlebenszentrierte Psychotherapie«, die vor allem von Greenberg und Elliott entwickelt worden ist (Greenberg et al. 1994; 2014) und heute meist als »Emotionsfokussierte Therapie« bezeichnet wird (Bischkopf und Greenberg 2007).

2. Differentielle Methoden

Zu den Differentiellen Methoden gehört die von Rainer Sachse entwickelte »Zielorientierte Gesprächspsychotherapie« (Sachse 2002), die von ihm zur »Klärungsorientierten Psychotherapie« weiterentwickelt worden ist (Sachse 2007).

Die von Hans Swildens (1991; 2002) entwickelte »Prozessorientierte Gesprächspsychotherapie« schlägt ein auf die jeweilige Phase der Therapie im zeitlichen Verlauf – Anfang, Verlauf, Ende – abgestimmtes therapeutisches Handeln vor. Hinweise auf dieses Vorgehen finden sich in diesem Buch im Zusammenhang mit dem klinischen Fallbeispiel (▶ Kap. 6).

Zu den differentiellen Methoden gehören auch die Ansätze, die das gesprächspsychotherapeutische Handeln an der Art der Störung ausrichten. Zu deren Vertretern gehören vor allem Jobst Finke (Finke 2004) und Ludwig Teusch (Finke und Teusch 2002), die für die häufigsten psychischen Störungen auch Behandlungsmanuale entwickelt haben.

3. *Erfahrungsaktivierende Methoden*

Zu den am häufigsten in der gesprächspsychotherapeutischen Praxis eingesetzten erfahrungsaktivierenden Methoden gehören die Körpertherapie (»Körperarbeit«) und die Spieltherapie (▶ Kap 8.3). Eine Übersicht über Theorie und Praxis der personzentrierten körperpsychotherapeutischen Arbeit findet sich z. B. bei Kern (2014).

Bei dem Versuch, die Bedeutsamkeit dieser Weiterentwicklungen einzuschätzen, darf der Hinweis nicht fehlen, dass in der Regel nicht klar ist, worin der »Fortschritt« dieser Weiterentwicklungen im Vergleich zu dem ursprünglichen Ansatz tatsächlich bestehen soll: Ist die neue Methode generell therapeutisch wirksamer oder ist sie vor allem für bestimmte Patienten besonders geeignet?

Es gibt einige empirische Hinweise darauf, dass strukturiertere Vorgehensweisen als in der Klientenzentrierten Psychotherapie, wie sie z. B. die Emotionsfokussierte Therapie beinhaltet, in vergleichsweise kürzerer Behandlungszeit größere Veränderungen als die klassische Gesprächspsychotherapie bewirken. Aber ob z. B. ein störungsbezogenes Vorgehen generell effizienter ist als eine klassische Gesprächspsychotherapie, ist wissenschaftlich bisher nicht belegt.

Es ist vielmehr davon auszugehen, dass die Gesetzmäßigkeiten der Differentiellen Therapieindikation (Orlinsky und Howard 1987) gelten, d. h., dass es für den Therapieerfolg z. B. günstig ist, wenn die Passung »Therapeut und angewandte Methode« stimmt. Ein Gesprächspsychotherapeut, der sich mit »Körperarbeit« nicht identifizieren kann, wird kaum therapeutische Erfolge erzielen können, auch wenn Körperarbeit nachgewiesenermaßen eine erfolgreiche Methode sein kann.

Die Bedeutung der Passung »Therapeut und angewandte Methode« gilt natürlich auch generell für die Wahl des Therapieverfahrens, in dem man sich ausbilden lassen und später praktizieren will. Die dem gewählten Therapieansatz zugrundeliegenden Annahmen über die Bedingungen, die Menschen für eine psychisch gesunde Entwicklung brauchen, und welche Voraussetzungen für eine gesunde Entwicklung sie selbst mitbringen, z. b. die Aktualisierungstendenz, sollten mit den eigenen Erfahrungen und Vorstellungen übereinstimmen.

Anders als in Österreich und in der Schweiz gefährdet die gesundheitspolitische Situation in Deutschland die weitere Existenz der Gesprächspsychotherapie. Vor der Einführung des deutschen Psychotherapeutengesetzes (PsychThG) 1999 war die Gesprächspsychotherapie das in Deutschland am häufigsten angewendete Therapieverfahren (Kindler et al. 1997). Nachdem das für eine Kassenfinanzierung von medizinischen und psychotherapeutischen Leistungen in Deutschland zuständige Zulassungsgremium, der Gemeinsame Bundesausschuss (G-BA), es 2008 nach langjähriger Prüfung abgelehnt hatte, die Gesprächspsychotherapie sozialrechtlich anzuerkennen, wurde die bis dahin häufig gewählte Ausbildung zum Psychologischen Psychotherapeuten mit dem Schwerpunkt Gesprächspsychotherapie, z. B. am Institut für Psychotherapie (IfP) der Universität Hamburg, vorerst eingestellt: Den Studierenden konnte weder eine ordnungsgemäße Ausbildung im vorgesehenen Zeitrahmen noch eine spätere existenzsichernde Berufstätigkeit garantiert werden (s. das Interview zu diesem Thema von Santos-Dodt und Thielen 2016).

Die Gründe im Einzelnen: Da die Krankenkassen die vorgeschriebenen 800-Stunden-Ausbildungstherapien nicht bezahlen, müssen Patienten gefunden werden, die diese Kosten bzw. einen Teil davon selbst übernehmen. Das führt dazu, dass Ausbildungskandidaten mit dem Schwerpunkt Gesprächspsychotherapie statt der vorgesehenen fünf Jahre berufsbegleitender Ausbildung bis zu 10 Jahre brauchen. Außerdem haben sie keine gesicherte Berufsperspektive als niedergelassene Psychotherapeuten, da sie wegen der fehlenden Kassenzulassung nicht ausreichend viele Patienten (»Selbstzahler«) behandeln können, um ihre Lebensunterhaltskosten zu finanzieren. Das hat dazu geführt, dass die Nachfrage für eine Ausbildung zum Psychologischen Psychotherapeuten mit dem Schwerpunkt Gesprächspsychotherapie 2007 eingebrochen ist und dass das staatlich anerkannte Hamburger Ausbildungsinstitut für Gesprächspsychotherapie seit 2008 auch keine Ausbildung mehr anbietet.

Gegen diese Ungleichbehandlung von Psychologischen Psychotherapeuten mit dem Schwerpunkt in einem wissenschaftlich anerkannten Verfahren, das nicht sozialrechtlich anerkannt ist, in der Ausbildung, und von approbierten Psychologischen Psychotherapeuten mit dem Schwerpunkt Gesprächspsychotherapie bezüglich der Möglichkeiten einer Berufsausübung, ist juristisch Widerspruch erhoben worden. Die Entscheidung darüber steht derzeit (2017) noch aus.

Dennoch gibt es einige wenige Psychologen und Psychologinnen, die eine Ausbildung in Gesprächspsychotherapie trotz der in ökonomischer Hinsicht ungesicherten Zukunftsperspektive gewählt haben (Lammers und Spreitz 2016).

12 Institutionelle Verankerung

Die institutionelle Entwicklung der Gesprächspsychotherapie verlief in Österreich und in der Schweiz zum Teil ähnlich wie in Deutschland, zum Teil aber auch unterschiedlich, u. a. wegen der Unterschiede in der Gesetzgebung. Das gilt auch für die Entwicklung der Gesprächspsychotherapie in der ehemaligen DDR. Aus Platzgründen beschränken wir uns auf eine exemplarische Darstellung der institutionellen Entwicklung der Gesprächspsychotherapie in der BRD.

Die Gesprächspsychotherapie wurde in Deutschland aus den Universitäten heraus verbreitet.
Ausgangspunkt war die Universität Hamburg, die 1965 den Psychologen Reinhard Tausch auf eine Professur für Klinische und Pädagogische Psychologie berufen hatte und der bei Carl Rogers in den USA dessen Klientenzentrierten Ansatz kennengelernt und in Deutschland mit dem Buch »Das psychotherapeutische Gespräch. Erwachsenen-Psychotherapie in nichtdirektiver Orientierung« (Tausch 1960) eingeführt hatte.
Tausch und seine Mitarbeiter boten in den Semesterferien Angehörigen anderer Universitäten Kurse in Gesprächspsychotherapie an. Die Nachfrage war groß und bereits 1970 kam es zur Gründung eines Fachverbandes mit dem Ziel, das Verfahren weiterzuentwickeln und zu verbreiten. Ein zentrales Anliegen der Gründer, die alle Universitätsangehörige waren, war die wissenschaftliche Fundierung des Verfahrens, die sich auch im Namen des Fachverbandes »Gesellschaft für wissenschaftliche Gesprächspsychotherapie« (GwG) niederschlug. Dieses Anliegen spiegelte auch die Unzufriedenheit der akademischen Psychologie mit der Psychoanalyse wider, wie sie in den 1960er-Jahren in

Deutschland praktiziert wurde. Vor allem sollte eine Entwicklung verhindert werden, die viele psychoanalytische Ausbildungsinstitute genommen hatten, nämlich eine Entwicklung hin zu einem abgekapselten Eigenleben, ohne bedeutsamen Bezug zur Forschung und zu Entwicklungen in der eigenen Profession und in den Nachbarwissenschaften (Kernberg 2005).

Rogers' Ziel, die Gesprächspsychotherapie auf eine empirisch fundierte Grundlage zu stellen, wurde weitgehend beibehalten und eingelöst. Die Ausbildungsregelungen in Deutschland sahen immer eine Evaluation der Wirksamkeit der Ausbildungstherapien mit Hilfe von Prä-Post-Messungen mit objektiven Messverfahren und Ratings der Tonträgerprotokolle vor. Eine nachhaltige qualitätssichernde Maßnahme war die Vorschrift, auch die nach Abschluss einer Ausbildung zum Gesprächspsychotherapeuten durchgeführten Behandlungen regelmäßig supervidieren zu lassen (»berufslebenslange Supervision«), indem man Mitglied in einer bei der GwG akkreditierten regionalen Supervisionsgruppe wurde.

Träger der Ausbildung wurden nicht wie bei den Psychoanalytikern Ausbildungsinstitute, sondern einzelne, vom Fachverband aufgrund einer speziellen Weiterbildung zum Ausbilder in Gesprächspsychotherapie anerkannte Gesprächspsychotherapeuten. Diese führten nach den Richtlinien der GwG Ausbildungen durch und gründeten die oben erwähnten regionalen Supervisionsgruppen, in denen die Absolventen von Ausbildungen die im Rahmen ihrer Berufstätigkeit durchgeführten Behandlungen supervidieren lassen konnten.

Eine berufspolitisch schwierige Situation entstand dadurch, dass etwa die Hälfte der Mitglieder des Fachverbandes GwG Diplom-Psychologen waren, während die andere Hälfte aus anderen Berufsgruppen kamen, vor allem aus Pädagogik, Sozialpädagogik, Sozialarbeit und verwandten Berufsfeldern, oder Ärzte waren. Das ursprünglich auf Psychologen und Mediziner begrenzte Ausbildungsangebot war 1974 aufgrund der bestehenden Nachfrage auf pädagogische und seelsorgerische Berufsgruppen erweitert worden. Für sie wurde das Ausbildungsangebot »Klientenzentrierte Gesprächsführung« entwickelt mit dem Ziel, die Teilnehmer zu befähigen, ihre jeweiligen berufsspezifischen Aufgaben besser wahrnehmen zu können.

Die unterschiedlichen Interessenlagen von Psychologen und den Angehörigen der anderen Berufsgruppen wurden u. a. bei der Frage virulent, ob sich die Gesprächspsychotherapie – wie zuvor auch schon erfolgreich die Verhaltenstherapie – um eine kassenrechtliche Anerkennung bemühen sollte oder nicht. Die nicht auszuräumenden Differenzen in den berufspolitischen Zielsetzungen führten 1986 zur Gründung der »Ärztlichen Gesellschaft für Gesprächspsychotherapie« (ÄGG) mit dem Ziel, als Ansprechpartner für ärztliche Institutionen und Verbände zu fungieren und Ausbildungsmodule »Gesprächspsychotherapie« für die ärztliche Weiterbildung bereitzustellen, und 1998 zur Gründung der »Deutschen Psychologischen Gesellschaft für Gesprächspsychotherapie« (DPGG), die die Interessen der Psychologen unter den Gesprächspsychotherapeuten wahrnehmen sollte.

Ein Teil dieser Konflikte erledigte sich durch das 1999 in Kraft getretene Psychotherapeutengesetz (PsychThG), in dem auch die Zugangsvoraussetzungen zu einer Ausbildung zum heilkundlichen Beruf des Psychologischen Psychotherapeuten und Kinder- und Jugendlichentherapeuten geregelt sind.

Ausgebildet und approbiert werden darf in Deutschland in Psychotherapieverfahren, die »wissenschaftlich anerkannt sind« (PsychThG § 1, Abs. 3). Bestehen bei den für die Ausbildung zuständigen Landesbehörden bei einem Therapieverfahren Zweifel an dessen wissenschaftlicher Anerkennung, ist dazu eine gutachterliche Stellungnahme des Wissenschaftlichen Beirats Psychotherapie (WBP) einzuholen. Der WBP ist ein nach § 11 PsychThG dafür vorgesehenes Gremium.

Das Land Bayern hatte im Hinblick auf die Gesprächspsychotherapie diese Zweifel. Der WBP konnte diese Zweifel nicht teilen und bestätigte 2002 in seinem Gutachten, dass die Gesprächspsychotherapie ein wissenschaftlich anerkanntes Verfahren sei. Daraufhin wurden in Deutschland zunächst drei Ausbildungsstätten für eine Ausbildung zum Psychologischen Psychotherapeuten mit dem Schwerpunkt Gesprächspsychotherapie gegründet, von denen aber nur das Institut an der Universität Hamburg 2005 die Ausbildung aufnahm.

Diese Ausbildung musste nach Aufnahme eines dritten Ausbildungsjahrganges wieder eingestellt werden (▶ Kap. 11), weil 2008 der Gemeinsame Bundesausschuss (G-BA) die Gesprächspsychotherapie nach mehrjähriger Prüfung sozialrechtlich nicht anerkannt hat, d. h., die Krankenkassen dürfen die Kosten für eine Gesprächspsychotherapie weder im Rahmen der Ausbildung zum Psychologischen Psychotherapeuten noch nach der Approbation als Psychologischer Psychotherapeut im Schwerpunkt Gesprächspsychotherapie übernehmen. Da sich dadurch die Ausbildungszeit von fünf auf zehn Jahre verdoppelt und eine existenzsichernde Berufstätigkeit als niedergelassener Psychotherapeut praktisch unmöglich ist, wurden die bestehenden Ausbildungsangebote nach 2008 nicht fortgeführt (▶ Kap. 11).

Käme es in Deutschland doch noch zu einer sozialrechtlichen Zulassung der Gesprächspsychotherapie, stünden für einen überschaubaren Zeitraum aber weiterhin staatlich anerkannte Ausbildungsstätten zur Verfügung.

13 Informationen über Aus-, Fort- und Weiterbildungsmöglichkeiten

Im Folgenden werden die Post- und Internetadressen von Ausbildungsträgern in Deutschland, Österreich und in der Schweiz aufgelistet, an die man sich wenden kann, wenn man sich über die aktuellen Aus- und Weiterbildungsmöglichkeiten in Gesprächspsychotherapie umfassender informieren will.

Auf den jeweiligen Homepages findet man auch Informationen über inhaltliche Schwerpunkte in den angebotenen Aus-, Fort- und Weiterbildungsangeboten.

13.1 Fachverbände und Ausbildungsstätten in Deutschland, Österreich und in der Schweiz

13.1.1 Deutschland

A. Adressen der deutschen Fachverbände für Gesprächspsychotherapie:

Ärztliche Gesellschaft für Gesprächspsychotherapie (ÄGG)
Prof. Dr. med. Dipl.-Psych. Ludwig Teusch
Freiherr-vom-Stein-Straße 153, 45133 Essen
www.aegg.de (Fassung vom 09.02.2016)

Deutsche Psychologische Gesellschaft für Gesprächspsychotherapie (DPGG)
Vorstand: Dr. Dorothee Wienand-Kranz. wienand-kranz@gmx.de

Sekretariat: c/o Sigrid Adomeit
Universitätskrankenhaus Hamburg-Eppendorf. Geb. W 26
Martinistraße 53
20246 Hamburg
040-7410-56460.
s.admeit@uke.de
www.dpgg.de (Fassung vom 24.07.2017)

Gesellschaft für personzentrierte Psychotherapie und Beratung e. V. (GwG)
Bundesgeschäftsstelle
Melatengürtel 125a, D-50825 Köln
www.gwg-ev.org (Fassung vom 24.07.2017)

B. Staatlich anerkannte Ausbildungsstätte für eine Ausbildung zum Psychologischen Psychotherapeuten gemäß PsychThG mit Schwerpunkt Gesprächspsychotherapie

Institut für Psychotherapie (IfP) der Universität Hamburg
c/o Sigrid Adomeit, (Sekretariat)
Universitätskrankenhaus Hamburg-Eppendorf. Gebäude W 26
Martinistraße 52
20246 Hamburg
s.adomeit@uke.de
www.uke.de/ifp (Fassung vom 24.07.2017)

13.1.2 Österreich

Die Psychotherapieausbildung in Österreich umfasst jeweils ein psychotherapeutisches Propädeutikum (Inhalte gleich für alle Verfahren) und ein methodenspezifisches Fachspezifikum.

Staatlich anerkannte Ausbildungsträger für eine Psychotherapieausbildung mit Schwerpunkt GPT in Österreich

Arbeitsgemeinschaft Personenzentrierter Psychotherapie, Gesprächsführung und Supervision (APG)
Strudlhofgasse 3/2
A-1090 Wien
Tel.: +43 (0) 1 3154102
prop@apg.or.at
http://www.apg.or.at
Sie bietet ein Psychotherapeutisches Propädeutikum an. Das Fachspezifikum wird von zwei mit der APG ursprünglichen verbundenen, jetzt autonomen Ausbildungsträgern angeboten:

a. Forum

Personzentrierte Psychotherapie. Ausbildung und Praxis
Liechtensteinstraße 129/3, A-1090 Wien
Tel: 01/966 79 44
buero@apg-forum.at
www.apg-forum.at (Fassung vom 09.02.2016)

b. Institut für Personzentrierte Studien

Arbeitsgemeinschaft für Psychotherapie, Beratung, Supervision und Gruppenarbeit / Institute for Person-Centred Studies. Association for Psychotherapy, Counselling, Supervision and Group Facilitation (APG • IPS)
Dißlergasse 5/4, A-1030 Wien
Tel: 01/713 77 96
office@ips-online.at
www.ips-online.at (Fassung vom 09.02.2016)

Österreichische Gesellschaft für wissenschaftliche, klientenzentrierte Psychotherapie und personorientierte Gesprächsführung (ÖGwG)

Psychotherapeutisches Propädeutikum und Fachspezifikum als Universitätslehrgang für Klientenzentrierte Psychotherapie in Kooperation mit der Donau-Universität Krems (Abschluss mit M.Sc. Psychotherapie)
Altstadt 17, A-4020 Linz
Tel: 070/78 46 30 (Mo, Mi 9–13 Uhr)
oegwg@psychotherapie.at
www.oegwg.at (Fassung vom 09.02.2016)

Vereinigung Rogerianische Psychotherapie (VRP)
Schützengasse 25/5, A-1030 Wien
Tel.: +43 664/16 54 303
office@vrp.at
www.vrp.at (Fassung vom 09.02.2016)

13.1.3 Schweiz

Die Schweiz hat neue gesetzliche Regelungen für die Psychotherapie. Anders als in Deutschland werden in der Schweiz nicht Therapieverfahren, sondern Ausbildungsgänge akkreditiert, wenn sie dafür die gesetzlichen Voraussetzungen nach der »Eidgenössischen Verordnung für Psychotherapie« erfüllen. Die Umsetzung dieser neuen Verordnungen ist derzeit (Frühjahr 2016) noch nicht abgeschlossen.

Ausbildungsträger für eine Psychotherapieweiterbildung mit Schwerpunkt Personzentrierter Ansatz und für die Weiterbildung in Personzentrierter Beratung in der Schweiz ist:

Schweizerische Gesellschaft für den Personzentrierten Ansatz (pca.acp)
Weiterbildung, Psychotherapie, Beratung
Josefstrasse 79, CH-8005 Zürich
info@pca-acp.ch
www.pca-acp.ch (Fassung vom 09.02.2016)
http://www.pca-acp.ch/de/Weiterbildung/Weiterbildungsrichtlinien.41.html

14 Glossar der wichtigsten theoretischen Begriffe

Rogers beginnt 1959 die Darstellung seiner »Theorie der Persönlichkeit und der zwischenmenschlichen Beziehungen – entwickelt im Rahmen des Klientenzentrierten Konzepts« – mit einer Vorstellung der Begriffe[9], die im Verlauf der Entwicklung der Theorie aufgetaucht und zunehmend schärfer und spezifischer definiert worden seien. Sie sind in elf Blöcken eingeordnet und durchgehend nummeriert.

Aktualisierungstendenz und verwandte Konstrukte

1. Aktualisierungstendenz
   In der Personzentrierten Theorie zur Erklärung der Möglichkeit und Wirksamkeit von Psychotherapie wird nur ein Axiom – das ist eine nicht beweisbare Grundannahme – vorausgesetzt: Dem Menschen als lebendem Organismus wohnt die Tendenz inne, sich zu entfalten und zu erhalten. Diese basale sogenannte Aktualisierungstendenz ist das einzige Motiv, das vorausgesetzt wird und die einzige Energiequelle, die angenommen wird. Sie impliziert, so Rogers, z. B. auch Bedürfnisse und Bestrebungen nach Bedürfnisbefriedigung und Entspannung, Befreiung von Triebdruck, aber auch das Streben nach Wachstum, Vergnügen, Kreativität und Lernen.
2. Tendenz zur Selbstaktualisierung
   Sobald sich ein Selbst (siehe dort) entwickelt hat, drückt sich die

---

9 Wir haben bei der Übersetzung der Begriffe aus dem Originalartikel von Rogers (1959) auch auf die von Gerd Höhner und Rolf Brüseke erstellte Übersetzung (erschienen in: Rogers 2009, S. 24–46) zurückgegriffen bzw. sie teilweise übernommen.

Aktualisierungstendenz auch in der Tendenz zur Entfaltung und Erhaltung des Selbst aus. Wenn die organismische Erfahrung und das Selbstkonzept nicht miteinander zu vereinbaren sind, dann kann sich die allgemeine Aktualisierungstendenz spalten. Die Tendenz zur Entfaltung und Erhaltung des Organismus und die Tendenz zur Erhaltung des Selbstkonzepts können in Gegensatz zueinander geraten.

3. **Erfahrung**
Alles, was sich in einem bestimmten Moment im Organismus abspielt und bewusst werden könnte, ist Erfahrung. Erfahrung schließt sowohl Ereignisse ein, deren das Individuum nicht gewahr ist, als auch Ereignisse, deren es sich bewusst ist. Auch Erinnerungen und frühere Erfahrungen gehören zur Erfahrung im Moment. Sie können die Bedeutung von bestimmten Reizen beeinflussen, z. B. schmälern oder vergrößern. Zur Erfahrung gehören nicht z. B. die Aktivitäten von Nervenzellen oder Blutzuckerveränderungen, die nicht bewusst werden können. Insofern ist diese Definition von Erfahrung eine psychologische, nicht eine physiologische.
Synonyme für Erfahrung sind das »Erfahrungsfeld« (Experiential field) und das »phänomenale Feld«, »sensorische und viszerale Erfahrungen« und »organismische Erfahrungen«.
Erfahrung ereignet sich in einem bestimmten Moment und bezeichnet nicht eine Ansammlung von vergangenen Erfahrungen.

4. **Erfahren, erleben**
Erleben bedeutet einfach, dass sensorische oder physiologische Ereignisse in diesem Moment im Organismus gespürt werden. Spüren in diesem Sinne umfasst Gewahrwerden oder im Bewusstsein symbolisieren in unterschiedlichen Graden von Genauigkeit oder Vollständigkeit.

5. **Fühlen, ein Gefühl haben, Experiencing a feeling**
Fühlen ist eine emotional gefärbte Erfahrung einschließlich ihrer persönlichen Bedeutung. Sie umfasst die Emotion und zugleich den kognitiven Inhalt der Bedeutung der Emotion bei der Erfahrung, mit der sie einhergeht. Emotion und Kognition werden im Moment der Erfahrung als untrennbar erlebt.
Ein Gefühl kann in einem Moment vollständig erfahren werden.

Die Erfahrung (des Gefühls), das Gewahrsein und der Ausdruck des Gefühls sind dann kongruent. (The individual is then congruent in his experience (of the feeling), his awareness (of it), and his expression (of it).)

6. **Gewahrsein, Symbolisierung, Bewusstsein**
Diese drei Begriffe sind Synonyme. Gewahrsein ist die (nicht unbedingt verbale) symbolische Repräsentation eines Teils unserer Erfahrung. Diese Repräsentation kann mehr oder weniger scharf oder lebendig sein. Die Skala reicht von einer schwachen Ahnung von etwas, das als Hintergrund existiert, bis zu einem scharfen Bewusstsein von etwas im Vordergrund als Figur.

7. **Der Gewahrwerdung zugänglich**
Wenn eine Erfahrung frei symbolisiert, bewusst werden kann, ohne Abwehr, Verleugnung und Verzerrung, dann ist sie der Gewahrwerdung zugänglich.

8. **Korrekte Symbolisierung**
Die Symbolisierungen, aus denen unser Bewusstsein besteht, entsprechen nicht unbedingt der »wirklichen« Erfahrung oder der »Realität«. Alle Wahrnehmungen und alles Gewahrsein sind Konstrukte, basierend auf früheren Erfahrungen und Hypothesen oder Prognosen bezüglich zukünftiger Erfahrungen, die zum Teil überprüfbar sind.

9. **Wahrnehmen, Wahrnehmung**
Rogers wählt eine psychologische Definition von Wahrnehmung – im Rahmen der Darstellung des Klientenzentrierten Konzepts: Wahrnehmung ist die Entstehung von Hypothesen oder Prognosen bezüglich dessen, was im Gewahrwerden passieren wird. Sie entstehen, wenn ein Reiz auf den Organismus einwirkt. Insofern kann man sagen, dass Wahrnehmen und Gewahrwerden synonym sind. Von Wahrnehmung sprechen wir in einem engeren Sinn eher dann, wenn wir die Bedeutung des Reizes betonen wollen, von Gewahrwerden in einem umfassenderen Sinn eher dann, wenn Symbolisierungen und Bedeutungszuschreibungen, die auf vollkommen inneren Reizen wie Erinnerungsspuren, Körperempfindungen und ähnlichem beruhen, ebenso gemeint sind wie solche in der Reaktion auf Reize von außen.

10. **Unterschwellig wahrnehmen, unterschwellige Wahrnehmung**
Offenbar kann der Organismus Reize und ihre Bedeutung für den Organismus erfassen, ohne dass er sie bewusst wahrnimmt. Diese Fähigkeit ermöglicht es dem Organismus, bedrohliche Erfahrung ohne ihre Symbolisierung zu erkennen.
11. **Selbst-Erfahrung**
Eine Selbst-Erfahrung ereignet sich dann in meinem Erfahrungsfeld, wenn ich zusammen mit diesem Ereignis mich »selbst«, »mich«, »ich« oder ähnliches wahrnehme. Allgemein gesagt sind Selbst-Erfahrungen das Rohmaterial, aus dem das organisierte Selbst-Konzept entsteht.
12. **Selbst, Selbstkonzept, Selbststruktur**
Diese Begriffe bezeichnen die organisierte, in sich geschlossene Gestalt, die sich aus der Wahrnehmung der Charakteristiken des »ich« oder »mich« und der Wahrnehmung der Beziehungen des »ich« oder »mich« zu anderen Menschen und verschiedenen Aspekten des Lebens, zusammen mit den Bewertungen dieser Wahrnehmungen ergibt. Diese Gestalt kann bewusst werden, ist es aber nicht unbedingt. Sie ist eine fließende, sich verändernde Gestalt, ein Prozess, aber in jedem Moment eine spezifische Einheit, auf die man seine Aufmerksamkeit richten kann und die zumindest teilweise beschrieben werden kann. Die Begriffe Selbst und Selbstkonzept werden eher benutzt, wenn eine Person ihre Sicht von sich selbst beschreibt, der Begriff Selbststruktur dann, wenn diese Gestalt von außen betrachtet wird.
13. **Idealselbst oder Selbstideal**
Das Selbstideal ist das Selbstbild, das eine Person am liebsten hätte.
14. **Inkongruenz zwischen Selbst und Erfahrung**
Wie später in der Theorie der Persönlichkeit beschrieben werden wird, entwickelt sich häufig eine Diskrepanz zwischen dem wahrgenommenen Selbst und der aktuellen Erfahrung des Organismus. Wenn die Erfahrung genau symbolisiert würde, träten sowohl andere Charakteristiken des Selbst – statt a, b und c, c, d und e – als auch andere Gefühle – statt x, y und z, v, w und x zutage. In diesem Zustand der Inkongruenz werden Spannung und innere Konfusion er-

lebt. Das Verhalten wird dann in der einen Hinsicht von der Aktualisierungstendenz und in anderer Hinsicht durch die Selbstaktualisierungstendenz bestimmt, und es kommt zu widersprüchlichem und unverständlichem Verhalten. Was üblicherweise neurotisches Verhalten genannt wird, ist z. B. das Produkt der Aktualisierungstendenz, während andererseits das Selbstkonzept aufrechterhalten wird. Daher ist das neurotische Verhalten für das Individuum selbst unverständlich. Es ist nicht vereinbar mit dem, was bewusst gewollt wird, nämlich das Selbstkonzept aufrecht zu erhalten.

15. **Verletzlichkeit (Vulnerabilität)**
Der Begriff Vulnerabilität als Bezeichnung für Inkongruenz wird benutzt, wenn die Anfälligkeit für psychische Desorganisation, die mit diesem Zustand verbunden ist, betont werden soll. Wenn Inkongruenz besteht, aber nicht bewusst ist, dann besteht eine Anfälligkeit für Angst, Bedrohung und Desorganisation. Wenn eine wichtige neue Erfahrung die Diskrepanz so klar herausstellt, dass sie bewusst wahrgenommen wird, dann ist das Individuum bedroht und sein Selbstkonzept gerät durch diese ihm widersprechende und nicht assimilierbare Erfahrung aus den Fugen.

16. **Angst**
Phänomenologisch ist Angst ein Zustand von Unwohlsein oder Spannung, dessen Ursache unbekannt ist. Von außen betrachtet ist Angst ein Zustand, in dem die Inkongruenz zwischen dem Selbstkonzept und der gesamten Erfahrung nahe der Symbolisierung im Bewusstsein ist. Wenn die Erfahrung offensichtlich diskrepant zum Selbstkonzept ist, wird eine Abwehrreaktion gegen die Bedrohung immer schwieriger. Angst ist die Antwort des Organismus auf die unterschwellige Wahrnehmung (▶ Definition 10), dass so eine Diskrepanz gewahr werden könnte und eine Veränderung des Selbstkonzepts erzwingen könnte.

17. **Bedrohung**
Bedrohung bezeichnet den Zustand der Wahrnehmung oder Vorwegnahme (unterschwelligen Wahrnehmung) einer Erfahrung, die mit der Struktur des Selbst inkongruent ist. Bedrohung kann als die Sicht von außen auf dasselbe Phänomen angesehen werden, das im Inneren Bezugsrahmen betrachtet Angst ist.

18. **Psychologische Fehlanpassung**
Psychologische Fehlanpassung besteht dann, wenn der Organismus im Bewusstsein wichtige Erfahrung verleugnet oder verzerrt, die also nicht genau in die Gestalt der Selbststruktur integriert wird, sodass Inkongruenz zwischen dem Selbst und der Erfahrung entsteht.
Das zentrale Konzept Inkongruenz wird deutlicher, wenn wir uns klarmachen, dass einige der Begriffe, die wir hier definieren, Inkongruenz einfach aus verschiedenen Blickwinkeln beleuchten.
Von außen betrachtet ist eine Person im Zustand der Inkongruenz zwischen Selbst und Erfahrung verletzlich/vulnerabel (wenn sie sich der Diskrepanz nicht bewusst ist) oder bedroht (wenn ihr die Diskrepanz im Ansatz bewusst ist, sie diese ahnt).
Unter sozialen Gesichtspunkten betrachtet bedeutet Inkongruenz Fehlanpassung.
Wenn die Person auf sich selbst blickt, dann kann sie sich sogar als angepasst wahrnehmen (wenn ihr die Diskrepanz nicht bewusst ist), sie kann sich als ängstlich erleben (wenn sie diese unterschwellig wahrnimmt), oder als bedroht oder desorganisiert (wenn sich die Diskrepanz ihrer bewussten Wahrnehmung aufzwingt).

19. **Abwehrverhalten, Abwehr**
Abwehrverhalten ist die Antwort des Organismus auf Bedrohung. Abwehrverhalten hat das Ziel, die gegenwärtige Struktur des Selbst aufrechtzuerhalten. Dieses Ziel wird verfolgt durch die Verzerrung der Erfahrung im Gewahrsein in einer Art und Weise, dass die Inkongruenz zwischen der Erfahrung und der Struktur des Selbst verringert wird, oder durch die Verleugnung einer Erfahrung im Bewusstsein, womit auch jede Bedrohung des Selbst verleugnet wird. Abwehren bedeutet, sich in der beschriebenen Weise zu verhalten.

20. **Verzerrung im Bewusstsein. Verleugnung im Gewahrsein.**
Verzerrung im Bewusstsein heißt, die Bedeutung einer Erfahrung so zu verändern, dass sie mit dem Selbst übereinstimmt.
Die Verleugnung der Existenz einer Erfahrung im Gewahrsein soll die Bedrohung der Selbststruktur abwenden.
Verzerrung von Erfahrung ist häufiger zu beobachten als Verleugnung.

21. **Intensionalität**
Intensionalität kennzeichnet das Verhalten auf der Grundlage einer Abwehrhaltung, ist eine Antwort des Organismus auf Bedrohung (des Selbstkonzepts). Die Person im Zustand der Intensionalität betrachtet ihre Erfahrung als absolut und unbedingt z. B. von Zeit und Ort, sie übergeneralisiert, ist dominiert von festen Vorstellungen oder Überzeugungen. Tatsachen und ihre Bewertung werden miteinander vermischt und die Person setzt eher auf Abstraktionen als auf die Überprüfung der Realität. Der Begriff Intensionalität deckt sich weitgehend mit dem der Rigidität, umfasst aber ein breiteres Verhaltensspektrum.

22. **Kongruenz, Kongruenz von Selbst und Erfahrung**
Kongruenz ist ein Kernkonzept, das aus der Beobachtung der Erfahrung in der Therapie erwachsen ist. Offenbar revidiert die Person in ihrer therapeutischen Erfahrung ihr Selbstkonzept so, dass es mit ihrer in der Therapiesituation genau symbolisierten Erfahrung übereinstimmt, mit ihr kongruent ist.
Zum Beispiel entdeckt die Person, dass ein Aspekt ihrer Erfahrung, wenn er genau symbolisiert ist, Hass auf den Vater ist. Ein anderer Aspekt wären starke homosexuelle Wünsche.
Die Person reorganisiert ihr Konzept von ihrem Selbst, sodass es um diese Aspekte, die bisher nicht mit ihrem Selbstkonzept zu vereinbaren gewesen wären, erweitert wird.
Wenn also Selbsterfahrungen genau symbolisiert werden und in dieser genau symbolisierten Form in das Selbstkonzept integriert werden, dann besteht ein Zustand von Kongruenz von Selbst und Erfahrung. Wenn das für alle Selbsterfahrungen gelten würde, dann wäre die Person eine »fully functioning person«. Wenn das für einige spezifische Aspekte der Erfahrung gilt, wie etwa für die Erfahrungen in einer bestimmten Beziehung oder in einem bestimmten Moment, dann können wir sagen, dass sich die Person in einem bestimmten Ausmaß in einem Zustand von Kongruenz befindet.
Andere Begriffe, grundsätzlich Synonyme für kongruent sind: integriert, ganz, echt (genuine).

23. **Offenheit für die Erfahrung**
Für die Erfahrung offen sein ist der Gegenpol zu sich in einer Abwehrhaltung befinden. Wenn die Person in keiner Weise bedroht ist (durch Erfahrung), dann ist sie offen für die Erfahrung.
24. **Psychologische Anpassung**
Wenn das Selbstkonzept so ist, dass alle Erfahrungen symbolisiert in die Gestalt der Selbststruktur integriert werden oder werden könnten, dann besteht optimale psychologische Anpassung. Sie ist also ein Synonym für vollständige Kongruenz von Selbst und Erfahrung oder völlige Offenheit für die Erfahrung. Praktisch gesehen ist eine Verbesserung der psychologischen Anpassung gleichbedeutend mit mehr Offenheit für die Erfahrung.
25. **Extensionalität**
Wenn eine Person in extensionaler Weise reagiert oder wahrnimmt, dann ist für sie Erfahrung etwas Begrenztes, das sie differenziert wahrnimmt, als verankert in Raum und Zeit, bestimmt von Fakten, nicht von Konzepten, in vielfältiger Weise bewertet, im Bewusstsein verschiedener möglicher Abstraktionsebenen, und sie überprüft die Schlussfolgerungen und Verallgemeinerungen, die aus der Erfahrung zu ziehen sind, an der Realität.
26. **Reifen, Reife**
Eine Person zeigt reifes Verhalten oder erweist sich als reif, wenn sie realistisch und in einer extensionalen Art und Weise wahrnimmt, nicht defensiv ist, ihre Verantwortung dafür akzeptiert, dass sie sich von anderen unterscheidet, und die Verantwortung für ihr eigenes Verhalten übernimmt. Die reife Person beurteilt ihre Erfahrung als offenkundig auf der Grundlage ihrer eigenen Sinneswahrnehmungen und ändert diese Bewertung nur auf der Basis neuer Evidenz. Sie akzeptiert andere als einmalige Individuen, die sich von ihr unterscheiden, sie schätzt sich selbst und die anderen.

Die Begriffe Kongruenz, Offenheit für die Erfahrung, psychologische Anpassung, Extensionalität und Reife bilden ein *Cluster*. Sie gruppieren sich um das Konzept Kongruenz.
Kongruenz bezeichnet den Zustand.

Offenheit für die Erfahrung ist die Art und Weise, in der eine innerlich kongruente Person neuer Erfahrung begegnet.
Psychologische Anpassung ist Kongruenz aus sozialer Sicht.
Extensionalität beschreibt, wie eine kongruente Person die Welt erfährt.
Reife ist der umfassendere Begriff zur Erfassung der Charakteristiken und des Verhaltens der Person, die im Allgemeinen kongruent ist.

Die nun folgenden Definitionen gruppieren sich um das Konzept der Positiven Beachtung.

27. Kontakt
Zwei Personen befinden sich in einem psychologischen Kontakt oder haben zumindest im Ansatz eine Beziehung zueinander, wenn beide im Erfahrungsfeld des je anderen eine wahrgenommene oder unterschwellig wahrgenommene Veränderung bewirken. Dieses Konstrukt wurde zunächst Beziehung genannt, aber das führte zu Missverständnissen, denn unter Beziehung wurde oft eine tiefe und qualitativ gute Beziehung oder eine therapeutische Beziehung verstanden. Mit der Erfahrung eines Kontaktes ist aber eher das Minimum dessen, was man eine Beziehung nennen kann, gemeint. Wenn in den theoretischen Ausführungen mehr als dieser einfache Kontakt zwischen zwei Personen gemeint ist, dann werden die zusätzlichen Charakteristiken dieses Kontaktes benannt.

28. Positive Beachtung
Wenn die Selbsterfahrung eines anderen in meinem Erfahrungsfeld eine positive Veränderung bewirkt, dann erlebe ich, dass ich diese Person positiv beachte. In der Regel wird positive Beachtung als eine Haltung dem anderen gegenüber definiert, die Empfindungen von Wärme, Mögen, Achtung, Sympathie und Annehmen des anderen einschließt. Selbst positive Beachtung zu erfahren bedeutet, im Erfahrungsfeld eines anderen eine positive Veränderung zu bewirken.

29. Das Bedürfnis nach Positiver Beachtung
Standal (1954) hat angenommen, dass ein grundlegendes Bedürfnis nach Positiver Beachtung ein sekundäres oder erlerntes Bedürfnis ist, das normalerweise in der frühen Kindheit entwickelt wird. Einige Autoren nehmen aber an, dass die kindlichen Bedürfnisse nach Liebe und Zuneigung angeboren oder instinktive sind. Auf jeden Fall weist die Bezeichnung Bedürfnis nach Positiver Beachtung auf die – im Vergleich mit den allgemeineren Benennungen – signifikante psychologische Variable hin.

30. **Bedingungsfreie Positive Beachtung**
Das Konzept der Bedingungsfreien Positiven Beachtung ist eines der Schlüsselkonzepte der Theorie und so definiert: Wenn die Selbsterfahrungen eines anderen von mir so wahrgenommen werden, dass ich keine als mehr oder weniger der positiven Beachtung wert als die anderen Selbsterfahrungen erachte, dann beachte ich diese Person bedingungsfrei positiv. Selbst Bedingungsfreie Positive Beachtung zu erfahren heißt wahrzunehmen, dass die andere Person keine meiner Selbsterfahrungen als mehr oder weniger der positiven Beachtung wert als die anderen ansieht.

Rogers schlägt vor, in diesem Zusammenhang mit Dewey und auch mit Buber einfacher zu sagen: Einen anderen bedingungsfrei positiv beachten bedeutet ihn wertzuschätzen (»prize«). Das bedeutet, die Person wertzuschätzen unabhängig von der Bewertung ihres spezifischen Verhaltens. Eltern können ihr Kind bedingungsfrei positiv beachten, auch wenn sie nicht alle seine Verhaltensweisen gleich gut finden. Akzeptieren ist ein anderer Begriff, der in diesem Sinn benutzt worden ist, hat aber möglicherweise noch mehr in die Irre führende Konnotationen. Jedenfalls sind Akzeptieren und Wertschätzen (»prize«) Synonyme für bedingungsfrei positiv beachten.

Das Konstrukt Bedingungsfreie Positive Beachtung ist aus der therapeutischen Erfahrung entstanden. Es scheint eines der wirkungsvollsten Elemente in der therapeutischen Beziehung zu sein, dass der Therapeut den Klienten als ganze Person wertschätzt (»prize«). Die Tatsache, dass er die Erfahrungen, die der Klient fürchtet oder deren er sich schämt, genauso wie die Erfahrungen, über die der

Klient erfreut ist oder die ihn befriedigen, bedingungsfrei positiv beachtet, diese Wertschätzung fühlt und auch zeigt, scheint Veränderung zu ermöglichen. Der Klient kann dann Schritt für Schritt alle seine Erfahrungen auch selbst mehr annehmen, und das macht ihn mehr und mehr zu einer ganzen, kongruenten Person. Diese klinische Erklärung hilft hoffentlich zu verdeutlichen, was mit der Formulierung Bedingungsfrei Positiv Beachten gemeint ist.

31. **Regard complex**
Unter einem Regard complex versteht Standal (1954) alle Selbsterfahrungen und ihre Zusammenhänge, von denen eine Person annimmt, dass sie etwas mit der positiven Beachtung durch eine bestimmte andere Person zu tun haben. Standal möchte mit diesem Begriff darauf hinweisen, dass sich z. B. aus der bisher erfahrenen positiven Beachtung durch Vater oder Mutter so etwas wie eine Gestalt bildet und die positive oder negative Beachtung eines spezifischen Verhaltens eines Kindes durch die Eltern auf dieses gesamte Muster einwirkt, die positive Gestalt oder Konfiguration stärkt oder schwächt.
(Rogers und seine Mitarbeiter sprechen oft einfach von »Verhalten«, auch dann, wenn z. B., wie hier, zumindest auch der »Ausdruck von Selbsterfahrungen« gemeint ist.)

32. **Positive Selbstbeachtung**
Die Erfahrung der Befriedigung des Bedürfnisses nach Positiver Beachtung kann mit bestimmten Selbsterfahrungen oder einer Gruppe von Selbsterfahrungen so fest assoziiert sein, dass sie unabhängig von der positiven Beachtung durch andere erlebt wird. Es sieht so aus, als müsste die Befriedigung des Bedürfnisses nach positiver Beachtung erst durch andere erfolgen, was zu einer positiven Haltung sich selbst gegenüber führt, die dann nicht mehr abhängig von der Haltung anderer gegenüber der eigenen Person ist, mit dem Effekt, dass die Person für sich selbst der positiv beachtende andere ist.

33. **Bedürfnis nach Selbstbeachtung**
Das Bedürfnis nach Positiver Selbstbeachtung ist ein sekundäres oder erlerntes Bedürfnis und hängt zusammen mit der Befriedigung des Bedürfnisses nach positiver Beachtung durch andere.

34. **Bedingungsfreie Selbstbeachtung**
 Wenn eine Person sich selbst so wahrnimmt, dass ihr keine ihrer Selbsterfahrungen als mehr oder weniger der positiven Beachtung wert erscheinen als jede andere, dann erlebt sie bedingungsfreie positive Selbstbeachtung.
35. **Bewertungsbedingungen**
 Eine Selbst-Struktur enthält dann eine Bewertungsbedingung, wenn eine Selbsterfahrung oder ein Muster von Selbsterfahrungen allein deshalb vermieden oder angestrebt werden, weil die Person sie als mehr oder weniger der positiven Selbstbeachtung wert erachtet.
 Standal hat dieses Konzept entwickelt als Ersatz für das weniger genaue frühere Konzept »introjezierte Wertvorstellungen«. Bewertungsbedingungen entstehen bei nicht bedingungsfreier positiver Beachtung durch wichtige andere. Diese Haltung der anderen wird nach und nach in den eigenen Komplex der Selbstbeachtung übernommen und die Person bewertet dann ihre Erfahrung als positiv oder negativ nur entsprechend diesen Bewertungsbedingungen, die sie von anderen übernommen hat, und nicht im Hinblick darauf, ob die Erfahrung den Organismus fördert oder behindert. Das ist eine besondere Art der unkorrekten Symbolisierung, wenn die Person eine Erfahrung als positiv oder negativ beurteilt, so als orientiere sie sich an der Aktualisierungstendenz, es aber tatsächlich nicht tut. Eine Bewertungsbedingung kann den organismischen Bewertungsprozess stören und die Person so daran hindern, sich frei und optimal angemessen zu verhalten.
36. **Ort der Bewertung – in der Person selbst oder in anderen**
 Die Bewertung der Erfahrung kann von der Person selbst ausgehen, z. B. von ihren eigenen Sinneswahrnehmungen. Sie kann aber auch von dem Wert ausgehen, den andere einem Objekt oder einer Erfahrung beimessen.
37. **Der organismische Bewertungsprozess**
 Der organismische Bewertungsprozess ist ein fortlaufender Prozess, in dem es keine fixierten oder rigiden Bewertungen gibt. Vielmehr werden die Erfahrungen genau symbolisiert und immer neu bewertet und zwar unter dem Gesichtspunkt, ob in ihnen eine Befriedi-

gung der Bedürfnisse des Organismus erfahren wird oder nicht, was sie also jetzt oder auf lange Sicht betrachtet für die Aufrechterhaltung und Weiterentwicklung des Organismus und des Selbst bedeuten. Das Kriterium ist die Aktualisierungstendenz.

38. **Der Innere Bezugsrahmen**
Der Innere Bezugsrahmen umfasst alle Erfahrungen, deren sich eine Person in einem gegebenen Moment bewusst sein kann, alle Empfindungen, Wahrnehmungen, Bedeutungen und Erinnerungen. Der Innere Bezugsrahmen ist die innere Welt der Person. Nur sie selbst kann sie ganz kennen. Eine andere Person kann sie nur durch Empathie erfassen, kann sie aber nie vollständig erfassen.

39. **Empathie**
Der Zustand der Empathie oder empathisch sein bedeutet, den Inneren Bezugsrahmen einer anderen Person genau wahrzunehmen mit allen dazugehörenden emotionalen Komponenten und Bedeutungen, so als wäre man die andere Person, ohne aber jemals aus dem Auge zu verlieren, dass es ist, »als ob« man die andere Person wäre. Es bedeutet, den Schmerz und die Freude des anderen zu empfinden, so wie er sie empfindet, und die Gründe dafür so wahrzunehmen, wie er sie wahrnimmt, ohne aber jemals zu übersehen, dass es ist, »als ob« ich verletzt oder erfreut bin. Wenn die »als ob« Qualität verloren geht, besteht ein Zustand der Identifikation.

40. **Externer Bezugsrahmen**
Wenn man eine Person, ohne sich in sie einzufühlen, also nur aus der eigenen Perspektive bzw. im eigenen Inneren Bezugsrahmen wahrnimmt, dann nimmt man sie in einem externen Bezugsrahmen wahr.
Wenn aus der Erfahrung des empathischen Verstehens einer anderen Person Wissen über diese Person werden soll, dann müssen die aus dem empathisch Verstandenen gezogenen Schlussfolgerungen mit dieser anderen Person – nicht mit dritten Personen – zusammen überprüft werden, die Hypothesen, die sich beim empathischen Verstehen bilden, verifiziert oder verworfen werden. Dieser Weg des Wissenserwerbs hat sich im Rahmen der Therapie als besonders fruchtbar erwiesen. Das Wissen, das sich aus der Er-

kenntnis der subjektiven Welt des Klienten ergibt, führt dazu, die Basis seines Verhaltens und den Prozess der Persönlichkeitsveränderungen zu verstehen.

Rogers hält es für wesentlich, die verschiedenen Möglichkeiten des Wissenserwerbs auseinanderzuhalten. So betont er, dass in seiner Darstellung der Theorie der Therapie Bedingungen für den psychotherapeutischen Prozess benannt seien, die zu einem Teil als subjektive Haltungen der Erfahrung gegenüber definiert sind, zum anderen als empathisches Erkennen des Klienten, dass aber die wissenschaftliche Überprüfung dieser Theorie nur von einem externen Bezugsrahmen aus erfolgen könne.

Literatur

Ainsworth M, Belhar M, Waters E, Wall A (1978): Patterns of attachment: A psychological study of the strange situation. New York: Erlbaum.
Ainsworth MD (1974): Feinfühligkeit versus Unfeinfühligkeit gegenüber den Mitteilungen des Babys. Deutsche Übersetzung des Originalartikels erschienen in: Grossmann K, Grossmann K (2003) Bindung und menschliche Entwicklung. Stuttgart: Klett-Cotta.
Altenhöfer A, Schulz W, Schwab R, Eckert J (2007): Psychotherapie von Anpassungsstörungen: Ist eine auf 12 Sitzungen begrenzte Gesprächspsychotherapie ausreichend wirksam? Psychotherapeut 52: 24–34.
American Psychiatric Association (1994): Diagnostisches und statistisches Manual psychischer Störungen, DSM-IV. Göttingen: Hogrefe.
American Psychological Association (1957): Distinguished Scientific Contribution Awards for 1956 – Carl Rogers. In: The American Psychologist 12: 125–133.
Arbeitskreis OPD (2006): Operationalisierte Psychodynamische Diagnostik OPD-2. Das Manual für Diagnostik und Therapieplanung Huber: Bern.
Ärztliche Gesellschaft für Gesprächspsychotherapie (ÄGG), Deutsche Psychologische Gesellschaft für Gesprächspsychotherapie (DPGG), Gesellschaft für wissenschaftliche Gesprächspsychotherapie (GwG) (2004): Antworten zu zwei Fragen des Gemeinsamen Bundesausschusses, Unterausschuss Psychotherapie, vom 2. Februar 2004. Köln: GwG-Verlag.
Auckenthaler A (1983): Klientenzentrierte Psychotherapie mit Paaren. Stuttgart: Kohlhammer.
Auckenthaler A (2008): Die therapeutische Beziehung in der Gesprächspsychotherapie. In: Hermer M, Röhrle, B (Hrsg): Handbuch der therapeutischen Beziehung. Band 2. Spezieller Teil. Tübingen: dgvt-Verlag, S. 1195–1212.
Axline V (1971): Dibs – die wunderbare Entfaltung eines menschlichen Wesens. München: Knaur. (Original erschienen 1964: Dibs).
Axline V (1974) Kinder-Spieltherapie im nondirektiven Verfahren. München: Reinhardt (Original erschienen 1947: Playtherapy. The inner dynamics of childhood).

Balint M, Ornstein PH, Balint E (1973): Fokaltherapie. Ein Beispiel angewandter Psychoanalyse. Frankfurt: Suhrkamp.

Barrett-Lennard GT (1962): Dimensions of therapist response as causal factors in therapeutic change. Psychol Monogr 76: 1–36.

Baudisch P, Schmeling-Kludas C (2010): Was spricht für, was gegen bestimmte Alternativen zur ambulanten Durchführung einer Psychotherapie? In Eckert J, Barnow S. Richter R (2010) Das Erstgespräch in der Klinischen Psychologie. Bern: Huber. S. 399–415.

Bauer J (2005): Warum fühle ich, was du fühlst? Intuition und Kommunikation und das Geheimnis der Spiegelneuronen. Hamburg: Hoffmann & Campe.

Behr M, Finke J, Gahleitner S (2016): Personzentriert sein – Sieben Herausforderungen der Zukunft. 20 Jahre PERSON und 30 Jahre noch Rogers' Tod. PERSON 20, 1, 14–30.

Bergin AE, Garfield SL (1971): Handbook of Psychotherapy and Behavior Change. An empirical Analysis. New York: Wiley.

Biermann-Ratjen E-M (2012): Klientenzentrierte Entwicklungslehre. In: Eckert J, Biermann-Ratjen E-M, Höger D (Hrsg) (2012) Gesprächspsychotherapie. Lehrbuch (2. Aufl.). Berlin Heidelberg: Springer. S. 67–86.

Biermann-Ratjen E-M, Eckert J (2012): Die Gruppentherapeutische Veränderungstheorie der Gesprächspsychotherapie. In: Strauß B, Mattke D (Hrsg). Gruppenpsychotherapie. Ein Lehrbuch für die Praxis. Berlin Heidelberg: Springer. S. 171–181.

Biermann-Ratjen E-M, Eckert J, Schwartz H-J (1979): Gesprächspsychotherapie. Verändern durch Verstehen. Stuttgart: Kohlhammer.

Biermann-Ratjen E-M, Eckert J, Schwartz H-J (2016): Gesprächspsychotherapie. Verändern durch Verstehen (10. Aufl.). Stuttgart: Kohlhammer.

Bischkopf J, Greenberg LS (2007): Emotionsfokussierte Therapie und die Theorie erfahrungsorientierter Psychotherapie. In: Kriz J, Slunecko Th (2007) Gesprächspsychotherapie. Die therapeutische Vielfalt des personzentrierten Ansatzes. Wien: faculta.wuv (UTB), S. 109–122.

Bischof-Köhler D (1989): Spiegelbild und Empathie. Die Anfänge der sozialen Kognition. Bern: Huber.

Blaser A (1977): Der Urteilsprozess bei der Indikationsstellung zur Psychotherapie. Bern: Huber.

Bommert H, Dahlhoff H-D (1978): Das Selbsterleben (Experiencing) in der Psychotherapie. München: Urban und Schwarzenberg.

Bozok B, Bühler, K-E (1988): Wirkfaktoren in der Psychotherapie. Spezifische und unspezifische Einflüsse. Fortschritte der Neurologie, Psychiatrie und ihrer Grenzgebiete 56: 119–132.

Brockmann J, Kirsch H (2015): Mentalisieren in der Psychotherapie. Psychotherapeutenjournal 14 (1): 13–22.

Brossi R. (2006): Krisenintervention. In: Eckert, J, Biermann-Ratjen, E-M, Höger D (Hrsg) Gesprächspsychotherapie. Lehrbuch für die Praxis. Heidelberg: Springer. S. 373–391.
Bschor T (Hrsg) (2008): Behandlungsmanual therapieresistente Depression. Stuttgart: Kohlhammer, S. 397–407 (Beitrag Gesprächspsychotherapie von Eva-Maria Biermann-Ratjen).
Chambless DL, Hollon DD (1998): Defining empirically supported therapies. J. Consulting Clincal Psychology 66: 7–18.
Dahlhoff H-D, Bommert H (1978): Forschungs- und Trainingsmanual zur deutschen Fassung der Experiencing-Skala. In: Bommert H, Dahlhoff H-D (Hrsg) Das Selbsterleben (Experiencing) in der Psychotherapie. München: Urban und Schwarzenberg. S. 63–128.
Eckert J (2004): Differentielle Psychologie psychotherapeutischer Behandlungen. In: Pawlik K (Hrsg) Enzyklopädie der Psychologie – Differentielle Psychologie. Band 5: Theorien und Anwendungen der Differentiellen Psychologie. Göttingen: Hogrefe. S. 845–885.
Eckert J (2007): Gruppenpsychotherapie. In: Reimer Chr, Eckert J, Hautzinger M, Wilke E (Hrsg) Psychotherapie. Ein Lehrbuch für Ärzte und Psychologen (3. überarb. und erweit. Aufl.). Springer: Berlin, Heidelberg. S. 651–686.
Eckert J (2010): Das Erstgespräch in der Gesprächspsychotherapie. In: Eckert J, Barnow S, Richter R (Hrsg) Das Erstgespräch in der Klinischen Psychologie. Diagnostik und Indikation zur Psychotherapie. Bern: Huber. S. 54–66.
Eckert J (2013): Ressourcen in der Gesprächspsychotherapie. In: Schaller J, Schemmel H (Hrsg) Ressourcen. Ein Hand- und Lesebuch zur therapeutischen Arbeit. (2. Aufl.). Tübingen: dgvt-Verlag. S. 515–527.
Eckert J, Biermann – Ratjen E-M, Speidel H (1977): Der Bedarf poliklinischer Institutionen aus der Sicht klinisch tätiger Psychiater. Therapiewoche 27: 3567–3574.
Eckert J, Biermann-Ratjen E-M (1985): Stationäre Gruppentherapie. Prozesse – Effekte – Vergleiche. Berlin Heidelberg New York Tokyo: Springer-Verlag.
Eckert J, Biermann-Ratjen E-M (2010): Klientenzentrierte Gruppenpsychotherapie. In: Tschuschke V (Hrsg) Gruppenpsychotherapie. Von der Indikation bis zu Leitungstechniken. S. 290-295. Stuttgart: Thieme. 290–295.
Eckert J, Biermann-Ratjen E-M (2015): Traumatheorie in der Gesprächspsychotherapie. In Seidler GH, Freyberger HJ, Maercker A (Hrsg.) Handbuch Psychotraumatologie (2. Aufl.). Stuttgart: Klett-Cotta. S. 684–696.
Eckert J, Biermann-Ratjen E-M, Höger D (Hrsg) (2006): Gesprächspsychotherapie. Lehrbuch für die Praxis. Berlin Heidelberg: Springer.
Eckert J, Biermann-Ratjen E-M, Höger D (Hrsg) (2012): Gesprächspsychotherapie. Lehrbuch (2. Aufl.). Berlin Heidelberg: Springer.
Eckert J, Frohburg I, Kriz J (2004): Therapiewechsler. Differentielle Therapieindikation durch die Patienten? Psychotherapeut 49: 415–426.

Eckert J, Höger D, Linster HW (Hrsg) (1997): Praxis der Gesprächspsychotherapie. Störungsbezogene Falldarstellungen. Stuttgart: Kohlhammer.
Eckert J, Petersen H (2012): Indikationsstellung. In: Eckert J, Biermann-Ratjen E-M, Höger D (Hrsg) Gesprächspsychotherapie. Lehrbuch (2. Aufl.). Berlin Heidelberg: Springer. S. 139–175.
Eckert J, Schwab R (2016): Diagnostik in der Gesprächspsychotherapie. In: Freyberger H, Stieglitz R-D (Hrsg) Diagnostik in der Psychotherapie. Buchreihe Psychotherapie kompakt. Stuttgart: Kohlhammer. S. 62–73.
Eckert J, Wuchner M (1994): Frequenz – Dauer – Setting in der Gesprächspsychotherapie heute. Teil 1: Einzeltherapie bei Erwachsenen. GwG Zeitschrift 95: 17–20.
Elliott R, Freire E (2010): The effectiveness of person-centered and experiential therapies. A review of the meta-analyses. In: Cooper M, Watson J, Hölldampf D (Eds.). Personcentered and experiential therapies work. Ross-on-Wye: PCCS Books. S. 1–15.
Elliott R, Greenberg LS, Watson J, Timulak L, Freire E (2013): Research on Humanistic-Experiential Psychotherapies. In Lambert MJ (Ed) Bergin and Garfield's handbook of psychotherapy and behaviour change (6. Aufl.). New York: Wiley. S. 495–538.
Eysenck H (1952): The effects of psychotherapy: An evaluation. Journal of Consulting Psychology 16: 319–324.
Finke J (2004): Gesprächspsychotherapie. Grundlagen und spezifische Anwendungen. (3. Aufl.). Stuttgart: Thieme.
Finke J, Teusch L (2002): Die störungsbezogene Perspektive in der Personzentrierten Psychotherapie. In: Keil WW, Stumm G (Hrsg) (2002) Die vielen Gesichter der personzentrierten Psychotherapie. Springer: Wien, S. 163–185.
Fonagy P, Moran GS, Steele H, Higgitt A (1993): Measuring the ghost in the nursery: An empirical study of the relation between parents' mental representations of childhood experiences and their infants' security of attachment. J Am Psychoanal Ass 41: 957–989.
Fonagy P, Steele M, Steele H, Moran GS, Higgit AC (1991): The capacity for understanding mental states: The reflective self in parent and child and its significance for security of attachment. Infant Mental Health Journal 12: 201–218.
Frohburg I (2004): Katamnesen zur Gesprächspsychotherapie. Überblicksarbeit. Zeitschrift für Klinische Psychologie und Psychotherapie 33: 196–208.
Fydrich Th, Schneider, W (2007): Evidenzbasierte Psychotherapie. Psychotherapeut 52: 55–68.
Galliker M (2015): Humanistische Psychologie. In: Galliker M, Wolfradt U (Hrsg) Kompendium psychologischer Theorien. Berlin: Suhrkamp. S. 92–96.
Galliker M (2016): Ist Psychologie eine Wissenschaft? Ihre Krisen und Kontroversen von den Anfängen bis zu Gegenwart. Wiesbaden: Springer Fachmedien.

Gemeinsamer Bundesausschuss G-BA (2016): Richtlinien des Gemeinsamen Bundesausschusses über die Durchführung von Psychotherapie (»Psychotherapie-Richtlinien«). (http://www.g-ba.de/downloads/62-492-1099/PT-RL_20¬15-10-15_iK-2016-01-06.pdf; Zugriff am 09.07.2016).

Gendlin E, Zimring F (1955): The Qualities or Dimensions of Experiencing and their Change. Counseling Center Discusssion Papers 1, Nr. 3, Okt. 1955. University of Chicago Counseling Center.

Gendlin ET (1962): Experiencing and the creation of meaning. New York: The Free Press of Glencoe.

Gendlin ET, Wiltschko J (2007): Focusing in der Praxis. Eine schulenübergreifende Methode für Psychotherapie und Alltag (3. Aufl.). Stuttgart: Klett-Cotta.

Goetze H (2002): Handbuch personenzentrierter Spieltherapie. Göttingen: Hogrefe.

Gorschenek N, Schwab R, Eckert J (2008): Psychotherapie von Anpassungsstörungen. Ist eine auf 12 Sitzungen begrenzte Gesprächspsychotherapie auch langfristig ausreichend wirksam? Psychotherapie, Psychosomatik, medizinische Psychologie (PPmP) 58: 200-207.

Grawe K (1976): Differenzielle Psychotherapie I. Bern: Huber.

Grawe K (1995): Grundriß einer Allgemeinen Psychotherapie. Psychotherapeut 40: 130–145.

Grawe K, Donati R, Bernauer F (1994): Psychotherapie im Wandel. Von der Konfession zur Profession. Göttingen: Hogrefe.

Greenberg L, Herrmann I, Auszra L (2014): Arbeit mit Emotionen – Emotionsfokussierte Therapie. In: Stumm, G., Keil, W. W. (Hrsg.), Praxis der Personzentrierten Psychotherapie. Wien: Springer. S. 81–91.

Greenberg, L, Rice, L N, Elliott R (1994): Process-experiential psychotherapy: Facilitating emotional change. New York: Guilford.

Gross J, Becker, N, Biermann-Ratjen E-M, Eckert J, Grawe K, Schöfer G, Wedel S (1975): Stationäre Gruppenpsychotherapie auf einer Therapiestation mit gleichzeitig arbeitenden analytischen, klienten-zentrierten und verhaltenstherapeutischen Gruppen. In: Uchtenhagen A, Battegay R, Friedemann A (Hrsg): Gruppenpsychotherapie und soziale Umwelt. Bern: Huber. S. 58–61.

GwG (Gesellschaft für wissenschaftliche Gesprächspsychotherapie e. V.) (1972): Informationsblätter der GwG 7, Sept. 1972. Tscheulin D (Hrsg) Universität Würzburg. Psychologisches Institut II.

Härter M, Linster HW, Stieglitz R-D (Hrsg) (2003): Qualitätsmanagement in der Psychotherapie. Grundlagen, Methoden und Anwendung. Göttingen: Hogrefe.

Hautzinger M (2007): Psychotherapieforschung. In: Reimer Chr, Eckert J, Hautzinger M, Wilke E (Hrsg) Psychotherapie. Ein Lehrbuch für Ärzte und

Psychologen (3. überarbeitete und erweiterte Aufl.). Berlin Heidelberg: Springer. S. 61–73.

Hautzinger M, Eckert J (2007): Wirkfaktoren und allgemeine Merkmale von Psychotherapie. In: Reimer Chr, Eckert J, Hautzinger M, Wilke E (Hrsg) Psychotherapie. Ein Lehrbuch für Ärzte und Psychologen (3. überarbeitete und erweiterte Aufl.). Berlin Heidelberg: Springer. S. 17–32.

Hermer M, Röhrle B (Hrsg) (2008): Handbuch der therapeutischen Beziehung. Bd. 1: Allgemeiner Teil; Bd. 2: Spezieller Teil. Tübingen: dgvt-Verlag.

Heuft G, Senf W (1998): Qualitätssicherung: Psy-BaDo – Basisdokumentation in der Psychotherapie. Deutsches Ärzteblatt 95, Heft 43, S. A-2688.

Höger D (1990): Zur Bedeutung der Ethologie für die Psychotherapie – Aspekte der Aktualisierungstendenz und der Bindungstheorie. In: Meyer-Cording G, Speierer GW (Hrsg) Gesundheit und Krankheit. Theorie, Forschung und Praxis der Klientenzentrierten Psychotherapie heute. Köln: GwG-Verlag. S. 30–53.

Höger D (1993): Organismus, Aktualisierungstendenz, Beziehung – die zentralen Grundbegriffe der Klientenzentrierten Gesprächspsychotherapie. In: Eckert J, Höger D, Linster H (Hrsg) Die Entwicklung der Person und ihre Störung: Entwurf einer ätiologisch orientieren Krankheitslehre im Rahmen des klientenzentrierten Konzepts. Köln: GwG-Verlag. S. 35–65.

Höger D (1995): Deutsche Adaptation und erste Validierung des »Feelings, Reactions and Beliefs Survey« (FRBS) von Desmond S. Cartwright. Ein Beitrag zur konzeptorientierten Erfassung von Effekten der Klientenzentrierten Gesprächspsychotherapie. In: Eckert J (Hrsg.) Forschung zur Klientenzentrierten Psychotherapie. Aktuelle Ansätze und Ergebnisse. Köln: GwG-Verlag. S. 167–183.

Höger D (1999): Der Bielefelder Fragebogen zur Klientenerwartungen (BFKE). Ein Verfahren zur Erfassung von Bindungsstilen bei Psychotherapie-Patienten. Psychotherapeut, 44, 159–166.

Höger D (2012): Klientenzentrierte Persönlichkeitstheorie. In: Eckert J, Biermann-Ratjen E-M, Höger D (Hrsg) Gesprächspsychotherapie. Lehrbuch, 2. Aufl., Berlin Heidelberg: Springer. S. 35–65.

Höger D, Eckert J (1997): Der Bielefelder Klienten-Erfahrungsbogen (BIKEB). Zeitschrift Klinische Psychologie 26: 129–137.

Hüther G (2004): Selbstorganisierte Strukturierung und nutzungsbedingte Modifikation neuronaler Verschaltungsmuster – Implikationen für die Psychologie. Vortrag am 17.09.2004 auf dem Symposion »Selbst-Organisation – Gestaltende und vermittelnde Prozesse in Personzentrierter Psychotherapie und Beratung« in Salzburg/Österreich.

Keil WW, Stumm G (Hrsg) (2002): Die vielen Gesichter der personzentrierten Psychotherapie. Springer: Wien.

Kern E (2014): Körpereinbezug. In: Stumm G, Keil WW (Hrsg) Praxis der Personzentrierte Therapie. Wien: Springer. S. 147–158.

Kernberg O F (2005): Psychoanalyse – Prinzipien, Anhängerschaft und persönliche Entwicklung. In Kernberg O F, Dulz, B, Eckert J (Hrsg) WIR. Psychotherapeuten über sich und ihren ›unmöglichen' Beruf (S. 251–268). Stuttgart: Schattauer.

Kiesler DJ (1969): A grid model for theory and research in the psychotherapies. In: Eron LD, Callahan R (Eds) The relation of theory to practice in psychotherapy. Chicago: Aldine. S. 115–145.

Kindler R, Tönnies S, Wilker F-W (1997): Zur Aus- und Weiterbildung sowie beruflichen Situation Klinischer Psychologinnen/Psychotherapeutinnen und Klinischer Psychologen/Psychotherapeuten. Report Psychologie: 774–786.

Kirschenbaum H (2002): Carl Rogers' Leben und Werk. Eine Einschätzung zum 100. Jahrestag seines Geburtstages. Person 6 (2): 5–15.

Kriz J (1994): Personzentrierter Ansatz und Systemtheorie. *Personzentriert* 1: 17–70.

Kriz J (2004): Personzentrierte Systemtheorie. Grundfragen und Kernaspekte. In: von Schlippe A, Kriz, W Ch (Hrsg) Personzentrierung und Systemtheorie. Perspektiven für psychotherapeutisches Handeln. S. 13–67.

Kriz J (2009): Vorwort. In: Rogers, CR (2009): Eine Theorie der Psychotherapie. München Basel: Reinhardt.

Kriz J (2014): Wie evident ist Evidenzbasierung? Über ein gutes Konzept – und seine missbräuchliche Verwendung. In: Sulz S (Hrsg) Psychotherapie ist mehr als Wissenschaft. Ist hervorragendes Expertentum durch die Reform gefährdet? München: CIP-Medien.

Kriz J (2017): Subjekt und Lebenswelt. Personzentrierte Systemtheorie für Psychotherapie, Beratung und Coaching. Göttingen: Vandenhoeck & Ruprecht.

Kriz J, Slunecko Th (2007): Gesprächspsychotherapie. Die therapeutische Vielfalt des personzentrierten Ansatzes. Wien: faculta.wuv (UTB).

Lambert MJ (2013): The Efficacy and Effectiveness of Psychotherapy. In: Lambert M J (Hrsg) Bergin and Garfield's handbook of psychotherapy and behaviour change (6. Aufl.). New York: Wiley. S. 169–218.

Lammers J, Spreitz J (2016): Eine bewusste Entscheidung für die Gesprächspsychotherapie. Psychotherapeutenjournal 15 (2): 150–153.

Lieberman EJ (2014): Otto Rank. Leben und Werk. Gießen: Psychosozial-Verlag.

Linster H (2000): Klientenzentrierte Paartherapie. In: Kaiser P (Hrsg.) Partnerschaft und Paartherapie. Göttingen: Hogrefe. S. 270–291.

Luborsky L, Rosenthal R, Diguer L, Andrusyna TP, Berman JS, Levitt JT, David A, Seligman DA, Krause ED (2001): The dodo bird verdict is alive and well – mostly. Clinical Psychology. Science and Practice 9: 2–12.

Luborsky L, Singer B, Luborsky L (1975): Comparative studies of psychotherapies: Is it true that »Everybody has won and all must have prizes«? Archives of General Psychiatry 32: 995–1008.

Lux M (2007): Der Personzentrierte Ansatz und die Neurowissenschaften. München: Reinhardt.
Lux M (2011): Die Magie der Begegnung. Der Personzentrierten Ansatz und die Neurowissenschaften. Unveröff. Vortrag. Universität Hamburg: Forum Gesprächspsychotherapie 2011.
Maturana H, Varela F (1987): Der Bann der Erkenntnis. München: Scherz.
Meltzoff J, Kornreich M (1970): Research in psychotherapy. New York: Atherton.
Meyer A-E (Ed) (1981): The Hamburg Short Psychotherapy Comparison Experiment. Psychotherapie and Psychosomatics 35: 81–207.
Meyer A-E (1990): Eine Taxonomie der bisherigen Psychotherapieforschung. Zeitschrift für Klinische Psychologie 4: 287–291.
Meyer A-E (1993): Geleitwort. In: Teusch L, Finke J (Hrsg) Krankheitslehre der Gesprächspsychotherapie. Heidelberg: Asanger.
Meyer A-E, Richter R, Grawe K, Graf v. d. Schulenburg J-M, Schulte B (1991): Forschungsgutachten zu Fragen eines Psychotherapeutengesetzes. Im Auftrag des Bundesministeriums für Jugend, Familie, Frauen und Gesundheit. Hamburg: Universitäts-Krankenhaus Hamburg-Eppendorf.
Minsel W-R (1974): Praxis der Gesprächspsychotherapie. Grundlagen, Forschung, Auswertung. Wien: Hermann Böhlaus Nachfolger.
Norcross JC, Lambert MJ (2011): Evidence-Based Therapy Relationships. In: Norcross JC (Ed) Psychotherapy Relationsships That Works (2. Ed., p.13). New York: Oxford.
Orlinski DE, Grawe K, Parks BK (1994): Process and outcome in psychotherapy – Noch einmal. In: Bergin AE, Garfield SL (Eds) Handbook of psychotherapy and behavior change (4th ed.). New York: Wiley. S. 270–376.
Orlinsky DE, Howard KI (1987): A generic model of psychotherapy. Journal of Integrative Eclectic Psychotherapy 6: 6–27 (dtsch. 1988: Ein allgemeines Psychotherapiemodell. Integrative Therapie 4: 281–308).
Paivio SC, Nieuwenhuis JA (2000): Efficacy of Emotion Focused Therapy for Adult Survivors of Child Abuse: A Preliminary Study. Journal of Traumatic Stress 14: 115–133.
Paivio SC, Pascual-Leone A (2010): Emotion Focused Therapy for Complex Trauma. Washington DC: American Psychological Association.
Pervin LA (1987): Eine phänomenologische Theorie: Die Klientenzentrierte Persönlichkeitstheorie von Carl Rogers. In Pervin LA (Hrsg) Persönlichkeitstheorien. München: Reinhardt. S. 173–236.
Plog U (1976): Differentielle Psychotherapie II. Bern: Huber.
Reisel B, Wakolbinger C (2012): Kinder und Jugendliche. In Eckert J, Biermann-Ratjen E-M, Höger D (Hrsg) Gesprächspsychotherapie. Lehrbuch (2. Aufl.), S. 253–278. Berlin Heidelberg: Springer.

Revenstorf D (2005): Das Kuckucksei. Über das pharmakologische Modell in der Psychotherapie-Forschung. Psychotherapie in Psychiatrie, Psychotherapeutischer Medizin und Klinischer Psychologie 10: 22–31.
Richter HE (1972): Die Gruppe. Hoffnung auf einen neuen Weg, sich selbst und andere zu befreien. Psychoanalyse in Kooperation mit Gruppeninitiativen. Hamburg: Rowohlt.
Rizzolatti G, Fasiga L, Fogassi L, Gallese V (1999): Resonance behaviors and mirror neurons. Archive italiennes de Biologie 137: 85–100.
Rogers CR (1939): The clinical treatment of the problem child. Boston: Hougthon Mifflin.
Rogers CR (1942): Counseling and Psychotherapy (dtsch. 1972a: Die nichtdirektive Beratung. München: Kindler).
Rogers CR (1951): Client-centered therapy. Boston: Houghton Mifflin Company (dtsch. 1972b: Die klient-bezogene Gesprächstherapie. München: Kindler).
Rogers CR (1957): The necessary and sufficient conditions of therapeutic personality change. Journal of Consulting Psychology 21: 95–103. (dtsch.: Rogers CR (1991). Die notwendigen und hinreichenden Bedingungen für Persönlichkeitsentwicklung durch Psychotherapie. In: Rogers CR, Schmid PF. Personzentriert. Grundlagen von Theorie und Praxis. Mit einem kommentierten Beratungsgespräch von Carl R. Rogers. Mainz: Matthias-Grunewald-Verlag, S. 165-184).
Rogers CR (1959): A theory of therapy, personality and interpersonal relationships, as developed in the client-centered framework. In S. Koch (Ed.), Psychology: A study of a science. Vol. Ill (pp 184–256). New York: McGraw Hill. (dtsch.: Rogers, C. R. (2009). Eine Theorie der Psychotherapie, der Persönlichkeit und der zwischenmenschlichen Beziehungen. München: Ernst Reinhardt).
Rogers CR (1961a): On becoming a person. A Therapist's view of Psychotherapy. Boston: Houghton Mifflin Company.
Rogers CR (1961b): This is me. In: Rogers CR, On becoming a person. A Therapist's view of Psychotherapy. S. 3–27. Boston: Houghton Mifflin Company.
Rogers CR (1972): Becoming Partners: Marriage and its Alternatives. New York: Delacorte. (dtsch. 1975: Partnerschule. Zusammenleben will gelernt sein – Das offene Gespräch mit Paaren und Ehepaaren. München: Kindler).
Rogers CR (1973): Psychotherapie als Prozess. In: Rogers CR (Hrsg.) Entwicklung der Persönlichkeit. Stuttgart: Klett. S. 130–162 (Original 1961: On becoming a person. A Therapist's view of Psychotherapy. Boston: Houghton Mifflin Company).
Rogers CR (1974): Encounter-Gruppen. Das Erlebnis der menschlichen Begegnung. München: Kindler. (Original erschienen 1970: On Encounter Groups).

Rogers CR (1975): Client-Centered Therapy. In: Freedman AM, Kaplan, HI, Sadock BJ (Eds) Comprehensive Textbook of Psychiatry, Bd. II, p. 1831-43. Baltimore: Williams & Wilkins.

Rogers CR (1983): Therapeut und Klient. Grundlagen der Gesprächspsychotherapie. Herausgegeben von Wolfgang M. Pfeiffer. Frankfurt/M.: Fischer Taschenbuch Verlag. Reihe Geist und Psyche.

Rogers CR (2009): Eine Theorie der Psychotherapie, der Persönlichkeit und der zwischenmenschlichen Beziehungen. München: Ernst Reinhardt (Orig.: Rogers 1959).

Rogers CR, Dymond, RF (1954): Psychotherapy and personality change. Coordinated research studies in the clientcentered approach. Chicago: University of Chicago Press.

Rogers CR, Rosenberg RL (2005): Die Person als Mittelpunkt der Wirklichkeit (2. Aufl.). Stuttgart: Klett-Cotta (orig. 1977. A Pessoa como Centro. Sao Paulo: Editora Pedagógica e Universitária).

Rogers CR, Wallen JL (1946): Counceling with returned servicemen. New York: MacGraw Hill.

Roth G (1986): Selbstorganisation – Selbsterhaltung – Selbstreferentialität: Prinzipen der Organisation der Lebewesen und ihre Folgen für die Beziehung zwischen Organismus und Umwelt. In: Dress A, Hendrichs H, Küppers G (Hrsg) Selbstorganisation. Die Entstehung von Ordnung in Natur und Gesellschaft. München: Pieper. S. 149-180.

Sachse R (2002): Zielorientierte Gesprächspsychotherapie. In: Keil WW, Stumm G (Hrsg) (2002) Die vielen Gesichter der personzentrierten Psychotherapie. Springer: Wien, S. 265–284.

Sachse R (2007): Klärungsorientierte Psychotherapie. In: Kriz J, Slunecko Th (Hrsg) Gesprächspsychotherapie. Die therapeutische Vielfalt des personzentrierten Ansatzes. Wien: faculta.wuv (UTB), S. 138–150.

Sackett DL, Rosenberg WMC, Gray JAM, Haynes RB, Richardson WS (1996): Evidence-based Medicine: What It Is and What It Isn't. British Medical Journal 312: 71–72.

Santos-Dodt M, Thielen M (2016): Interview: Wenn sich die geplante Psychotherapieweiterbildung nicht zu einem »closed shop« entwickeln soll, benötigen wir kreative Lösungen. Psychotherapeutenjournal 15 (2): 143–151.

Schacter DL (2001): Wir sind Erinnerung. Reinbek: Rowohlt.

Schaller J, Schemmel H (Hrsg) (2013): Ressourcen. Ein Hand- und Lesebuch zur therapeutischen Arbeit. (2. Aufl.). Tübingen: dgvt-Verlag.

Schauenburg H (1993): Erfahrungen mit der Diagnostik nach ICD-10 in einer psychotherapeutischen Ambulanz für Studierende. In Schneider W, Freyberger HJ, Muhs A, Schüßler G (Hrsg.) Diagnostik und Klassifikation nach ICD-10 Kap. V. Eine kritische Auseinandersetzung. S. 237–250. Göttingen: Vandenhoeck & Ruprecht.

Schmeling-Kludas C (2006): Gesprächspsychotherapie bei körperlich Kranken und Sterbenden. In: Eckert J, Biermann-Ratjen E-M, Höger D (Hrsg) Gesprächspsychotherapie. Lehrbuch für die Praxis. Berlin Heidelberg: Springer. S. 393–407.

Schmeling-Kludas C, Eckert J (2007): Psychotherapeutischer Umgang mit körperlich Kranken. In: Reimer Chr, Eckert J, Hautzinger M, Wilke E (Hrsg) Psychotherapie. Ein Lehrbuch für Ärzte und Psychologen (3. überarb. und erweit. Aufl.). Berlin Heidelberg: Springer. S. 433–444.

Schmid PF (1994): Personzentrierte Gruppenpsychotherapie. Ein Handbuch. Köln: Edition Humanistische Psychologie.

Schmidtchen S (1991): Klientenzentrierte Spiel- und Familientherapie. Weinheim: Psychologie, Verlags Union (1999 als Beltz Taschenbuch erschienen).

Schützmann K, Schützmann M, Eckert J (2010): Wirksamkeit von ambulanter Gesprächspsychotherapie bei Bulimia nervosa: Ergebnisse einer randomisiert-kontrollierten Studie. Psychother. Psych. Med. 60: 52–63.

Schwab R (2009): Diagnostische Methoden in der Gesprächspsychotherapie. Psychotherapeut 54: 211–229.

Seligman MEP (1997): Die Effektivität von Psychotherapie. Die Consumer-Reports-Studie. Integrative Therapie 22: 264-288 (Org. 1995: The effectiveness of psychotherapy. The Consumer Reports study. American Psychologist 50: 965–975).

Smith M, Glass G, Miller T (1980): The benefits of psychotherapy. Baltimore: Hopkins.

Sorembe V, Westhoff K (1985): Skala zur Erfassung der Selbstakzeptierung (SESA). Göttingen: Hogrefe.

Standal S (1954): The need for positive regard: A contribution to Client-centered Therapy. Unpublished doctoral dissertation. University of Chicago.

Stiles WB, Barkham M, Twigg E, Mellor-Clark J, Cooper M (2006): Effectiveness of cognitive-behavioural, person-centred and psychodynamic therapies as practised in UK National Health Service settings. Psychological Medicine 36: 555–566.

Stoffers J, Lieb K (2011): Psychopharmakatherapie der Borderline-Persönlichkeitsstörung. In Dulz B, Herpertz SC, Kernberg OF, Sachsse U (Hrsg) Handbuch der Borderline-Störungen (2. Aufl.). Stuttgart: Schattauer. S. 855–864.

Strauß B (2008): Bindungsforschung und therapeutische Beziehung. In: Hermer M, Röhrle B (Hrsg) Handbuch der therapeutischen Beziehung. Bd. 1: Allgemeiner Teil (S. 206–231); Bd. 2: Spezieller Teil. Tübingen: dgvt-Verlag.

Strauß B, Hautzinger M, Freyberger HF, Eckert J, Richter R, Harfst T (2008): Bericht der Expertenkommission der Bundespsychotherapeutenkammer: Analysen zum medizinischen Nutzen der Gesprächspsychotherapie und Empfehlungen für die Stellungnahme zum »Bericht der Nutzenbewertung Gesprächspsychotherapie bei Erwachsenen« des G-BA. Psychodynamische Psychotherapie (PDP) 7: 92–123.

Stumm G, Keil WW (Hrsg) (2014): Praxis der Personzentrierte Therapie. Wien: Springer.

Stumm G, Wiltschko J, Keil WW (Hrsg) (2003): Grundbegriffe der Personzentrierten und Focusing-orientierten Psychotherapie und Beratung (S. 111–115). Stuttgart: Pfeiffer bei Klett-Cotta.

Sulz S (Hrsg) (2014): Psychotherapie ist mehr als Wissenschaft. München: CIP-Medien.

Swildens H (1991): Prozessorientierte Gesprächspsychotherapie. Einführung in eine differenzielle Anwendung des klientenzentrierten Ansatzes bei der Behandlung psychischer Erkrankungen. Köln: GwG-Verlag.

Swildens H (2002): Prozessorientierte Gesprächspsychotherapie. In: Keil WW, Stumm G (Hrsg) (2002) Die vielen Gesichter der personzentrierten Psychotherapie. Springer: Wien, S. 187–206.

Tausch R (1960): Das psychotherapeutische Gespräch. Erwachsenen-Psychotherapie in nichtdirektiver Orientierung. Göttingen: Hogrefe.

Tausch R (1968): Gesprächspsychotherapie (2., gänzl. neugest. Aufl.). Göttingen: Hogrefe.

Tausch R (1973): Gesprächspsychotherapie (5. Aufl.). Göttingen: Hogrefe.

Tausch R (1976): Ergebnisse und Prozesse der Klientenzentrierten Gesprächspsychotherapie bei 550 Klienten und 115 Psychotherapeuten. Eine Zusammenfassung des Hamburger Forschungsprojektes. In: Jankowski P, Tscheulin D, Fietkau H-J, Mann F (Hrsg) Klientenzentrierte Psychotherapie heute. Bericht über den I. Europäischen Kongress für Gesprächspsychotherapie in Würzburg 28.9.-4.10.1974. Göttingen: Verlag für Psychologie Hogrefe. S. 60–73.

Tausch R, Eppel H, Fittkau B, Minsel W-R (1969): Variablen und Zusammenhänge in der Gesprächspsychotherapie. Zeitschrift für Psychologie 176: 93–102.

Teusch L, Böhme H, Finke J, Gastpar M (2001): Effects of client-centered psychotherapy for personality disorders alone and in combination with psychopharmacological treatment. An empirical follow-up study. Psychotherapy and Psychosomatics 70: 328–336.

Teusch L, Böhme H, Gastpar M (1997): The Benefit of Insight-Oriented and Experiential Approach on Panic and Agoraphobic symptoms. Results of a Controlled Comparison of Client-Centered Therapy Alone and in Combination with Behavioral Exposure. Psychotherapy and Psychosomatics 66: 293–301.

Tölle R, Windgassen K (2014): Psychiatrie einschließlich Psychotherapie (17. Aufl.). Berlin Heidelberg: Springer.

Tscheulin D (2001): Würzburger Leitfaden (WLF) zur Verlaufs- und Erfolgskontrolle Personzentrierter Beratung und Psychotherapie. Version 3. Köln: GwG-Verlag.

Wampold BE (2001): The Great Psychotherapy Debate. Models, Methods, and Findings. Mahwah, New Jersey & London: Lawrence Erlbaum.
Wampold BR, Imel ZE (2015): The Great Psychotherapy Debate: The Evidence for What Makes Psychotherapy Work (2nd Ed.). London: Routledge.
Weinberger S (2013): Klientenzentrierte Gesprächsführung. Lern- und Praxisanleitung für psychosoziale Berufe (14. Aufl.). Weinheim: Beltz.
Weltgesundheitsorganisation [WHO] (1980): Diagnoseschlüssel und Glossar psychiatrischer Krankheiten. Fünfte Auflage korrigiert nach der 9. Revision der ICD. Berlin Heidelberg New York: Springer.
Weltgesundheitsorganisation [WHO] (1991): Internationale Klassifikation psychischer Störungen. ICD-10 Kapitel V (F). Klinisch-diagnostische Leitlinien. Bern: Huber.
Willutzki U, Teismann T (2013): Ressourcenaktivierung in der Psychotherapie. Göttingen: Hogrefe. Reihe: Fortschritte der Psychotherapie, Bd. 52.
Wiltschko J (2002): Focusing und Focusing-Therapie. In Keil WW, Stumm G (Hrsg) Die vielen Gesichter der Personzentrierten Psychotherapie. Wien: Springer, S. 231–264.
Wittchen H-U, Hoyer J (2006): Klinische Psychologie & Psychotherapie. Berlin Heidelberg: Springer.
Yalom ID (2003): Was Hemingway von Freud hätte lernen können. München: Goldmann (btb).
Yalom ID (2010): Theorie und Praxis der Gruppenpsychotherapie. Ein Lehrbuch (10. Aufl.). Stuttgart: Klett-Cotta.
Zielke M (1979): Indikation zur Gesprächspsychotherapie. Stuttgart: Kohlhammer.
Zielke M, Kopf-Mehnert C (1978): Veränderungsfragebogen des Erlebens und Verhaltens (VEV). Manual. Weinheim: Beltz.
Zottl A (1982): Otto Rank. Das Lebenswerk eines Dissidenten der Psychoanalyse. München: Kindler.

Stichwortverzeichnis

Abkürzungen: GPT = Gesprächspsychotherapie; EFT = Emotionsfokussierte Therapie; PCE = Personzentrierte und Experientielle Therapien; CBT = Cognitiv Behaviorale Therapy; PP = Psychodynamische Psychotherapie

A

Abwehr   30, 52, 165
- Abwehrverhalten   30, 165
- Verleugnung   30
- Verzerrung   30
Aktualisierungstendenz   29, 36, 160
Allgemeines Modell der Psychotherapie (AMP)   88, 130
- Reduktion der Fehlindikationen durch Anwendung von AMP   142
Anerkennung, Bedürfnis nach   32
Angst   51 f., 164
Anpassung, psychologische   31, 167
Ausbildung in Gesprächspsychotherapie   150
- in der Schweiz   150, 159
- in Deutschland   150, 156
- in Österreich   150, 157
Autopoiese   36

B

Beachtung, positive   168
- Angst vor Verlust der   38
- Bedürfnis nach   38, 169
Bedingungsfreie Positive Beachtung   22 f., 53, 170
- Abweichung von der   57
Bedrohung   164
Behandlungsdauer   88
Bewertungsbedingungen   171
Bewertungsprozess, organismischer   172
Bewusstsein Siehe Gewahrsein   162
Bewusstsein Siehe Symbolisierung   27
Bewusstwerden von Erfahrung   28
Beziehung, therapeutische   12
- Verhältnis zu Therapietechniken   22
Beziehungstherapie (O. Rank)   19
Bezugsrahmen, äußerer   173
Bindungsforschung   38
Bindungsstil   41
Bindungstheorie   12, 38
- Bindungsbedürfnis   38
- Feinfühligkeit   38
- Inneres Arbeitsmodell   39

C

Client-Centered Therapy Siehe Klientenzentrierte Psychotherapie 15

D

Desorganisation 51 f.
Diagnosen 88
- Behandlungsdiagnosen, Verteilung 89
Dodo-Bird-Verdikt 75, 129, 144 f.

E

Eingangsdiagnostik 45
Empathie 23, 54, 56, 172
- biologische Basis der 40
- Definition 55
- Fähigkeit zur 41
Entwicklungstheorie, klientenzentrierte 38
Erfahrung 26, 161
- aktuelle 50
- erlebte 27, 161
Erfahrungsfeld Siehe Erfahrung 27
Extensionalität 60, 167

F

Fehlanpassung, psychologische 31, 51, 165
Focusing 68
Fühlen 27, 161
fully functioning person 52

G

Gedächtnis 41
- autobiographisches 42
- episodisches 42
- semantisches 42
Gefühl 27, 50

Gesprächspsychotherapie 16
Gewahrsein 162
Gewahrwerden 27
Gewahrwerdung 162
Gruppentherapie 92
- Encounter-Gruppe 93
- therapeutische Beziehung 93

H

Haltung, nicht-direktive 21
Humanistische Psychologie
- Unterschiede zu Psychoanalyse und Behaviorismus 24

I

Idealbild
- im Verhältnis zum Selbstbild 32
Identifikation 54
Indikationsdiagnostik 43
- Indikationskriterien 43, 45, 91
- Indikationsregeln 86
- Indikationsregeln, differentielle 87, 149
- Kontraindikation 91
- Prädiktor Ansprechbarkeit 44
- Prognosekriterium 45, 91
- Prozess-Skala 43
Inkongruenz 50 f., 53
- bei körperlichen Krankheiten 103
- als Ausdruck einer Krise 106
- zwischen Selbst und Erfahrung 163
Innerer Bezugsrahmen 54, 172
Intensionalität 59, 166

K

Kinder- und Jugendlichentherapie 20, 97
Kongruenz 23, 52, 166

- Kongruenz von Selbst und Erfahrung 166
- Kontakt 168
- Kontakt, psychologischer 50
- Krise 106
  - Behandlung 107
  - Definition 106
  - Lebenskrise 107
  - Traumatische Krise 107

M

Mentalisierungsfähigkeit 41

N

Neuropsychologie 12

O

Objektivitätsmythos 34
Offenheit für die Erfahrung 31, 167
Organismus 50

P

Persönlichkeit
- Struktur der 16
Persönlichkeitsveränderung, Theorie der 49
Personzentrierte Psychotherapie 16
Personzentrierter Ansatz (PZA; engl. PCA) 16
Prozessdiagnostik
- Experiencing-Skala 47
- Skala Selbstexploration 47
- Skala Verbalisierung Emotionaler Erlebnisinhalte 47
Prozessdirektiver Therapieansatz 68
Prozess-Kontinuum s. auch Prozess-Skala 59
Prozess-Skala 68
Psychotherapieforschung 15, 109

- Evidenzgrade 114
- Evidence-based Medicine (EbM) 113
- Metaanalysen 110
- Nutzenbewertung Gesprächspsychotherapie 116
- Wirksamkeit der PCE-Therapien 119

R

Reflective Functioning 38
Regard complex 170
Reife 167
Ressourcenaktivierung 39

S

Selbst 30, 41, 51, 163
- konzept 30, 39, 51, 163
- struktur 30, 51, 163
Selbstaktualisierung 21, 29, 161
Selbstaktualisierungstendenz Siehe Selbstaktualisierung 36
Selbstbeachtung 170
- bedingungsfreie 171
- Bedürfnis nach 170
- positive 170
Selbsteinschätzungsverfahren 46
Selbstempathieprozess 40
Selbsterfahrung 30, 163
- wahrgenommene 50
Selbstideal Siehe Idealselbst 163
Selbstorganisation, Prinzip der 36
Selbstwirksamkeitserwartung 72
Spiegelneuronen 40
Spieltherapie, nicht-direktive 96
Stationäre Psychotherapie 98
- Indikation 99
- Wirksamkeit 102
Symbolisierung 27, 162
- Symbolisierungsprozess 42

T

Therapeutische Beziehung 37, 69
- als Wirkfaktor 73
- in PA, VT, Psychiatrie 72
- Kontextabhängigkeit 75

Therapietheorie 49
Therapieverlaufsphasen 77
- Abschlussphase 77
- Existentielle Phase 77
- Konflikt-/Problemphase 77, 82
- Prämotivationsphase 77
- Symptomphase 77, 81

U

Überich 32
Unbewusstes
- Funktion als Therapieziel in der GPT 26

unconditional positive regard Siehe Bedingungfreie Positive Beachtung 22

V

Veränderungsdiagnostik, Verfahren der 47
Verleugnung 165
Verzerrung 165
Vulnerabilität 51, 164

W

Wahrnehmung 28, 162
- unterschwellige 163

Weiterentwicklungen der Gesprächspsychotherapie 147
- Differentielle Methoden 148
- Erfahrungsaktivierende Methoden 149
- Erlebenszentrierte Methoden 148

Wirksamkeitsbelege, Methoden für 120
- Effektivität-Studien 125
- Effizienz (Efficacy)-Studien 125
- RCT-Studien 125

Wirksamkeitsnachweise 110
Wirksamkeitsbelege und -vergleiche 127
- Anpassungsstörungen 138
- Traumafolgestörungen 135
- GPT vs. CBT vs. PP im britischen Gesundheitssystem 143
- GPT vs. GPT + Medikamente bei Borderline-Persönlichkeitsstörungen 137
- GPT vs. psychoanalytische Kurztherapie 132
- GPT vs. VT bei Phobien 127
- Kombination von GPT mit VT-Techniken bei Phobien 130
- Veränderungen im Katamnesezeitraum nach GPT 140

Rolf-Dieter Stieglitz
Harald J. Freyberger (Hrsg.)

Diagnostik in der Psychotherapie

Ein Praxisleitfaden

2017. 227 Seiten mit 2 Abb. und 15 Tab. Kart.
€ 30,–
ISBN 978-3-17-028719-8

Psychotherapie kompakt

Der vorliegende Band zeigt vielfältige Möglichkeiten einer therapiebegleitenden Diagnostik auf. Neben allgemeinen Grundlagen und den therapieschulenspezifischen Ansätzen liegt der Schwerpunkt des Buchs auf der Diagnostik bezogen auf die wichtigsten Störungsgruppen: u. a. affektive Störungen, Angststörungen, Persönlichkeitsstörungen.

Heidi Möller/Mathias Lohmer

Supervision in der Psychotherapie

Grundlagen – Forschung – Praxis

Ca. 216 Seiten. Kart.
Ca. € 29,–
ISBN 978-3-17-029843-9

Psychotherapie kompakt

Das Buch gibt einen Überblick zum aktuellen Stand der Supervisionssowie Intervisionsforschung und bietet eine methodische Weiterbildung in Fragen der Supervisionsgestaltung. Unterschiedliche Methoden der Supervision werden, einem schulenübergreifenden Konzept folgend, differenziert dargestellt und ihr jeweiliger Anwendungsbereich wird diskutiert.

Leseproben und weitere Informationen unter www.kohlhammer.de

W. Kohlhammer GmbH
70549 Stuttgart

Biermann-Ratjen/Eckert
Schwartz

Gesprächs-
psychotherapie

Verändern durch Verstehen

*10., aktual. und erw. Auflage
2016. 285 Seiten mit 2 Abb. und
6 Tab. Kart.
€ 36,–
ISBN 978-3-17-029413-4*

Das Buch stellt die von C. Rogers entwickelte Gesprächspsychotherapie im Rahmen des Klientenzentrierten Konzepts dar. Viele ihrer Elemente haben Eingang in andere Therapiekonzepte gefunden, dort aber oft einen nicht unerheblichen Bedeutungswandel erfahren. Dazu gehören das positive Menschenbild, die Ressourcenorientierung oder die herausragende Bedeutung der therapeutischen Beziehung. In der 10. Auflage wird daher erneut besonderes Gewicht auf die Darstellung der ursprünglichen Konzeption der Gesprächspsychotherapie gelegt, die Konzentration auf die therapeutisch wirksame Beziehung, in der der Klient erlebt, dass er in seinem Sich-selbst-Erleben angenommen, empathisch verstanden und nicht bewertet wird.

Leseproben und weitere Informationen unter www.kohlhammer.de

W. Kohlhammer GmbH
70549 Stuttgart